JN099148

個人事業を会社にしたい！と思ったらはじめに読む本

第2版

税理士 上村大輔●著
司法書士 土田 慧●著

中央経済社

第2版刊行にあたって

この本を手にとってくださってありがとうございます。本書は、法人化するとトクっぽいと聞いたけど、ホントのところはどうなの？　という本です。私自身が税理士として法人化をサポートした経験で得たノウハウに加え、具体的な設立登記に関しては司法書士の土田慧先生にご執筆いただき、法人化を考えたときのはじめの一冊、として会社設立までひととおりわかる内容になっています。趣味で描いている漫画を盛り込み、気軽に読める内容を心がけました。

……と、令和2年に初版を出してから早3年……。細々とですが地道に売れ続けていたようで、お陰さまで第2版のお話をいただきました。初版では書ききれなかった「源泉徴収」関連のことや、「インボイス制度」の影響を追加したのが今回の第2版です。

この3年といえばまさにコロナ禍……。この間に世の中の価値観・生活様式は大きく変わりましたが、そんな中、新しいビジネスも日々誕生しています。この本の読者の皆さんは、今まさに事業が軌道に乗ってきている、あるいは乗りそうで「法人化」が気になっている方々でしょうか。大変な時代になりましたが、今後も皆さんのビジネスが長く続きますように。本書が少しでもそのお役に立てれば幸いです。

令和5年10月

税理士　**上村大輔**

マンガ　法人化ってソンなの？　トクなの？

バーン
説明しよう！法人化とは個人とは別の権利主体を持つことです。
司法書士 土田慧
ツチダ先生、いつのまに…
ケンリシュタイ？どういうこと？
私がもう一人ふえるの？
タマミA
タマミB
するどい!! 結果的には一人法人ならそういう効果はありますね

具体的には…
タマミさんが「マタタビ株式会社」を設立したとするでしょう。そうすると、タマミさんは社長になって、権利主体はマタタビ㈱になるんです。
マタタビ㈱
え…社長♥
で…どういうこと？
そうすると、外の人との契約とかをマタタビ㈱としてできるようになります。あと、税務申告も個人でしていたのが法人でするように。

そうすると私の収入は法人の収入になっちゃうのね…
ハイ…
収入
マタタビ㈱
悲しまなくて大丈夫
そうですね。マタタビ㈱の収入になります。そしてそこから社長として給与をもらうことになります。
㈱
給与

なるほどね～なんとなく分かってきたわ
よかった…
で、法人化すると税金がへるってことよね？
本題!!
詳しく状況聞かないとなんとも言えない面があるんですよね。メリットもあればデメリットもあるので…
かみむら先生 ツチダ先生
法人化のこと、もっと教えてくださーい!!

もくじ

第1章　法人化すると節税できる？

第2章 節税以外のトクはある？

第3章 法人化のベストタイミングは？

第4章 法人化でソンすることもある

第5章 どんな会社を作ればいい？

第6章 いざ、会社設立！

（株）

ケース別 ソントク相談室

今日もたくさんのお客さんがやってくる
ソントク相談室。
アナタに似たお客さんもいるかも？

ケース1 ユーチューバー

年間売上 800 万円　年間利益 600 万円

みんなが知りたいことを察知するのが得意です。動画編集の腕前もそこそこ自信はあるけど、もっと「魅せる」ために専門学校に通いたい。どこまで経費で落ちますか？　また、デートも旅行も記事のネタになってるけど、法人のほうが経費で落とせるって本当？　化粧品や衣装代も経費になる？？

事業に関係あるものだけが経費になるという考え方は個人も法人も同じ。法人のほうが経費の幅が広いものもあるが、きちんとしたルールにのっとった処理が必要な点は要注意。

関連ページ ➡ 14 ページ，56 ページ

ケース2　同人作家（兼 商業漫画家）

年間売上 500 万円　年間利益 300 万円

自分の萌えだけに執着せず、マーケティングを怠らないことを心がけてます。それが功を奏して、時々ジャンルの波で大ヒットの年も。その翌年は税金がすごいことになってびっくり……。やっぱり法人化した方が税金がオトクになりますか？

事業に波がある業種では法人化は慎重に。収益が安定する見込みが立ってきた場合は法人化がオススメだが、文筆業ならではの特例にも要注意。アシスタントさんへの支払いがある場合は源泉徴収の事務負担増も考慮したいところ。

関連ページ ➡ 18 ページ，20 ページ，46 ページ

ケース3　コンサルタント

年間売上 700 万円　年間利益 550 万円

たまたまご縁があって引き受けた有名老舗和菓子店での若い女性向け商品開発が結果を出して、単価の高い仕事を依頼されるようになった。そんななか大チャンス！取引先の紹介で大手企業の仕事を受けるようになったんだけど、法人じゃないと取引しないと言われ……この先も売上アップが見込まれ、消費税も関わってきそうなのでこの機会に法人化したほうがいいのかな？

法人化は節税だけの問題ではない！　法人化をきっかけに仕事が拡大する。チャンスをつかもう！

関連ページ ➡ 22 ページ，34 ページ

ケース4 ネット販売事業

年間売上 600 万円　年間利益 250 万円

脱サラしてネットショップを立ち上げました。最初はなかなかうまくいかず、奥さんが外で勤めて生活を切り盛りしてくれていたものの、ショップのイメージと購買意欲をそそるページ作りがヒットし、そこそこの売上になってきました。
「法人でないと卸さない」という卸店もありますし、販路を広げるため、さらにはお客様の信頼を得るためにも法人化を検討しています。

利益から考えるともう少し個人で頑張って様子を見ましょう。

関連ページ ➡ 18 ページ，34 ページ

ケース5 プログラマー

年間売上 1,200 万円 ※3人分　年間利益 900 万円 ※3人分

システムエンジニアから依頼を受けて、3人で分担してプログラミングをしています。
それぞれ向上心があり、スキルアップのための勉強も怠りません。将来的にもこのメンバーでがんばっていきたいので、結束の証として法人化することも視野に入れていますが、デメリットも考えなければいけませんね。

法人化により仕事の受け皿がはっきりして、さらなる受注増も期待できます。一方、一人法人ではない場合、最初の段階で会社組織の経営に対する3人の考え方やこれまでの仕事の権利関係についてもすり合わせが必要。

関連ページ ➡ 22 ページ，64 ページ

ケース6　エステシャン＆メイクアップアーティスト

年間売上計 1,100 万円　年間利益計 500 万円
(600 万円と 500 万円) (300 万円と 200 万円)

自宅の１室でエステサロンを開業。近所の主婦を中心に口コミで徐々に人気が出て予約がいっぱいの日もあります。同居中のパートナー（女性）は、フリーのメイクアップアーティストで舞台俳優やダンサーの方のメイクをしてます。この先も寄り添って生きていくけど、法律での保証は何もない。２人で法人を作って財産を共有していくっていう選択肢はアリかな。職種は違えど、近い業界だからシナジー効果も期待できるはず！

共有財産の形成という目的での法人化はありかも。ただ現状の収入規模や客層を考えると、おそらくインボイス登録の必要性は乏しく、個別の申告では消費税免税になるのに法人だと消費税課税事業者になってしまう点が少しもったいない気が。

関連ページ → 30 ページ，34 ページ，38 ページ

ケース7　大家

年間売上 2,500 万円　年間利益 1,800 万円

後々の相続を考えたら、法人化して資産を移したほうがいいとアドバイスされたことがあります。できれば融資を受けてもう１～２棟収益物件を買いたい。法人になっておいたほうがトクでしょうか。

法人で不動産物件を所有すると相続の時の分割、引継がしやすくなります。生前から株式を子どもたちに持たせるなどの相続対策の幅も広がります。家族への給与や、社会保険の扶養などを活用するとトータルでの負担が減る可能性も。

関連ページ → 6 ページ，30 ページ

ケース8 漫画喫茶経営

年間売上 1,500 万円　年間利益 900 万円

昔からマンガが好きで、同じ趣味の女性と結婚。２人ともマンガのコレクションがすごくて、専用の倉庫を借りていたんですが、倉庫で眠らせるのももったいないという話で、クラウドファンディングによる資金調達をきっかけに漫画喫茶を開店！　取り揃えている本の珍しさがSNSなどで話題を呼び拡散､収益が安定してきました。昨年からは妻も仕事を手伝ってくれるようになりました。来年から消費税の納税義務者になるみたいだし…そろそろ法人化したほうが良さそうかな!?

個人のお客様が多くインボイス登録の必要性が乏しければ、法人設立後２年間の消費税免税を使えるメリットあり。ただ夫婦揃っての社会保険料は，会社負担分も考えると少しネックになるかも。

関連ページ → 34 ページ，38 ページ，52 ページ

ケース9 美容師

年間売上 3,000 万円　年間利益 750 万円
※消費税免税事業者２年目

雇われ美容師から思い切って独立し、店舗を構えて２年目。お客様の居心地を第一に考え、設備投資に多額の資金をつぎ込みました。何とか軌道に乗ってきたけど、目下の悩みは従業員が長続きしないこと。しかも人手不足でなかなか応募さえない……消費税もかかってくるみたいだし、そろそろ法人化も考えたほうがいいの？

個人のお客様が多くインボイス登録の必要性が乏しければ、法人設立後２年間の消費税免税を使えるメリットあり。会社組織にした方が人材募集面では有利になりそう。

関連ページ → 22 ページ，34 ページ，38 ページ

ケース 10 小料理屋経営

年間売上 2,000 万円　年間利益 600 万円
※既に消費税課税事業者

長年、女手ひとつでお店を切り盛りしてきました。数年前から娘が手伝ってくれるようになって、若いお客さんが増えてきたのは良いんだけど……狭いお店のためお断りすることが多くて……そんな状況を見かねたお客さんから、近所で良い空き物件の話をいただき…そこで娘を店長にして２号店を出すのも良いかなと思っています。

娘さんを中心にした２号店構想。そのための組織化や融資獲得には法人化が吉！

関連ページ → 6 ページ，26 ページ

ケース 11 魚屋経営

年間売上 4,500 万円　年間利益 500 万円
※既に消費税課税事業者

魚屋の跡取り娘として 40 ウン年。高齢の父が第一線を退いてからはなんとかお店を切り盛りしてきたけど、旦那にはもっとがんばってもらいたいので、「社長」にしてあげてはどうかしら。私も「社長夫人」って呼ばれてみたいしね。ゆくゆくは息子に後を継いでもらいたいし、アルバイト代も出してあげたいわね。

家族経営の場合は所得分散効果高し！　法人化で事業の引継もスムーズに。

関連ページ → 6 ページ，30 ページ

第1章

法人化すると節税できる？

1　事業主への給与を経費にできてトク

「かみむら先生、法人を作ると税金がトクって、どうして？」

「いきなり直球ですね。法人では、事業主（社長）への給与を経費にできます。まずはこれが大きな節税ポイントですね。」

「そういえば、個人事業主は自分への給与って考え方ないわよね。」

個人事業主のときは売上からいろいろな経費を引いて残った利益が、実質的な自分への「給与」の位置づけになっていたと思います。

一方、法人を作ると、社長への給与は「役員報酬」という形で法人の経費に入れることができるため、役員報酬を含む経費を引いた額が最終利益です。

税金は、大まかにいうと事業の利益に対してかかってくるのですが、個人事業主と法人ですと、この事業主（社長）への「給与」の分、法人のほうが利益が少なくなります。

そうなると、役員報酬を沢山払うほどトクするようにも思えますが、役員報酬には個人の税金（所得税等）が上乗せされますので、一見、プラスマイナス

図表１：個人と法人の税金の考え方（※一人法人の場合）

	個人事業主		法人	
事業による利益	事業利益 ＝ 給与的な意味合い	所得税の課税対象	代表者への役員報酬	所得税の課税対象
			役員報酬を引いた後の利益	法人税の課税対象

ゼロではないかと思うでしょう（**図表１**）。

しかし、個人の税金には「給与所得控除」という制度があります。これが法人の方がトクになると言われるカラクリです。

個人事業主の場合、事業収入から引けるのは、原則的に領収書がある実際に支払った経費だけです。それに対しこの「給与所得控除」は、領収書等不要で、もちろん実際にかかっていなくても一定額を差し引くことができます。収入に応じてその額は次のように大きくなります（**図表２**）。

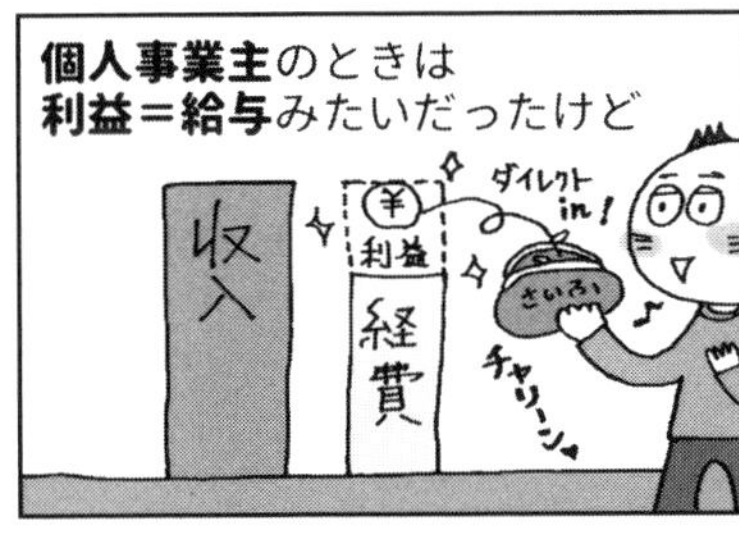

MEMO

個人事業主の場合も、領収書がなくても事業所得から控除できる「青色申告特別控除」があり、制度の趣旨は異なるものの、「給与所得控除」と近い節税効果を持っています。ただし、この青色申告特別控除は、事業所得の規模にかかわらず最大65万円で一定です。

「なるほど。法人として給与を支払うほうが、トータルで課税所得が小さくなるからおトクなのね。」

「そのとおり。また、個人と法人ではかかる税率も違います。」

課税所得にかかる税率について、個人と法人では税金体系が違います。個人は特に「累進課税制度」があり、5%という低い税率から始まっています（**図表3**）。

個人事業の場合、事業利益が大きいとその時点で、給与的性質の部分にも高い税率が適用されてしまいますが、法人から給与としてもらった分は、法人の事業利益の大きさにかかわらずあくまで個人の給与の額だけを見て税率を当てはめていくので、ある程度の利益があると個人事業のときよりも、低い税率が適用されることになります。

このように、法人の場合、「給与」的な部分を事業本体から分散させることができ、「給与所得控除」、「個人と法人の税率の差」というカラクリにより少なくとも「給与」的な部分については、税額が安くなる可能性が高いといえるでしょう。ただし、社会保険料などの負担は意外に大きいのでその分を考慮する必要があります。いきなり小難しい話になってしまいましたが……法人化による節税を考える上で、この事業主への給与は大きなポイントになります。

図表２：給与所得控除の推移

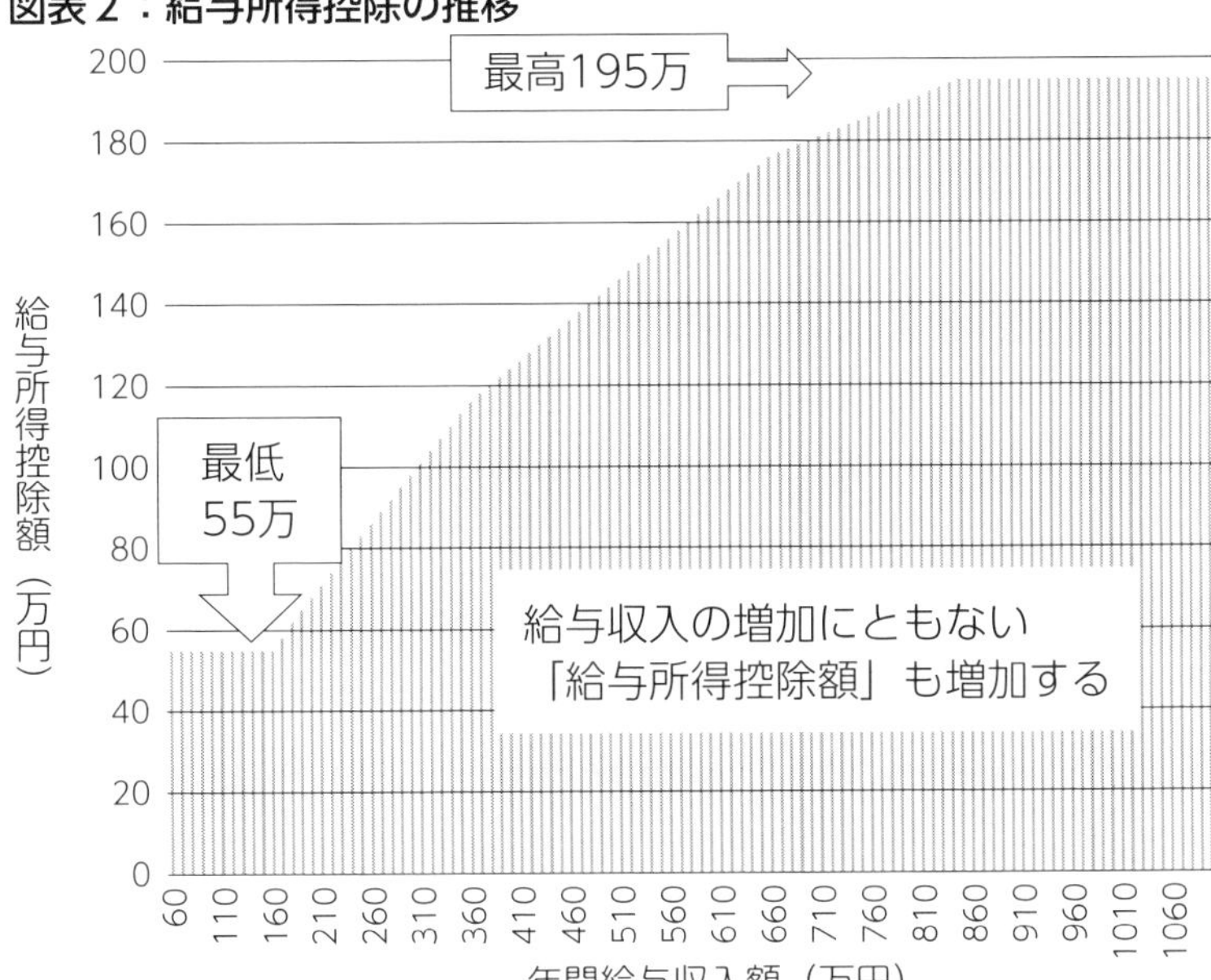

図表３：所得税と法人税の税率

所得税の税率（2023 年分）

課税される所得金額	税率	控除額
195 万円以下	5%	0 円
195 万円を超え　330 万円以下	10%	97,500 円
330 万円を超え　695 万円以下	20%	427,500 円
695 万円を超え　900 万円以下	23%	636,000 円
900 万円を超え　1,800 万円以下	33%	1,536,000 円
1,800 万円を超え 4,000 万円以下	40%	2,796,000 円
4,000 万円超	45%	4,796,000 円

※所得税額は、所得に税率をかけた後「控除額」を引いて計算します。

法人税の税率（2023 年 3 月末決算の中小企業者等）

課税される所得金額	税率
年 800 万円以下の部分	15%
年 800 万円超の部分	23.2%

2 家族に給与を払うなら法人のほうがトク

「忙しくなってきたので、妹に発送とかを手伝ってもらうのだけれど、アルバイト代を払うことは可能かしら？」

「個人事業では、同居している親族に給与を払う場合、厳しい縛りがありました。法人だと、自由度が高くなります。」

個人事業主の場合、給与の架空計上などを防ぐ観点から、同居している親族への給与支払いは原則的には経費として認められません。とはいえ、家族経営で実際に働いているのに給与を支払っても経費にできないと困ってしまいます。そこで、「専従者（せんじゅうしゃ）」として一定額までの給与の経費計上を認める制度があります（青色申告の場合、届出によりその枠を大きくすることも可能です。その場合は青色専従者という名前になります）。専従者には要件があり、副業的に少し手伝っているような場合などには、経費として認められません。

法人を作ると、同居している親族への給与に専従者の縛りがなくなります。つまり、パート的なお仕事や、他でお勤めの方に給与を払っても、実際に仕事をしているのであれば、その給与は経費として認められます。

MEMO 1

専従者の要件は、以下のとおりです。

イ　申告者と生計を一にする配偶者その他の親族であること。

ロ　その年の12月31日現在で年齢が15歳以上であること。

ハ　その年を通じて６月を超える期間、その申告者の営む事業に専ら従事していること。

また、同居の親族を役員にして、役員報酬を支払うこともできます。役員報酬は、雇用契約の「労働に対する対価」ではないので、日常的に仕事をしなくても、支払うことは可能です。ただし、経費算入に一定のルールがある役員報酬の規定が適用されます。

このように、家族に給与を払うなら法人のほうが経費にしやすいといえるでしょう。とはいえ、経費になるからといって、同じような仕事をしている他の従業員に比べて高すぎる給与も、経費として認められないことがありますので要注意です。

MEMO 2

なお、役員ではない親族への給与でも、経営に参画しているとみなされる場合は、役員報酬の規定が適用される可能性があります。

3 住居を役員社宅にできてトク

「個人事業主も、家で仕事している場合は家賃をその分だけ経費にできたわよね。法人の場合はどうなの？」

「自宅を社宅にして経費にするという手があります。」

個人事業主の場合、自宅兼事務所として事業に利用する部分は経費算入ができました。面積割合や利用時間などの合理的な割合を「家事按分」して経費にします。とはいえ、一人暮らしでずっと自宅で仕事をするケースでも最大で50～60％くらいが妥当でしょう。

それに対し、法人を設立して住居を役員社宅にすれば、もっと大きな割合を経費にできます。

賃貸物件を社宅にするには、まずは法人で賃貸借契約をします。その場合、いったん支払った家賃全額が経費となります。

ただし、このままだと「法人から役員個人への経済的な利益供与」として役員報酬に加算され、結果として役員報酬が経費に認められる要件を崩してしまうことになり、負担増になるリスクがあります。

そこで、家賃の一部を、国税庁が定める徴収額規定に沿って給与天引きなどにより法人に納める必要があります（**図表**）。

ちなみに、社宅として家を購入する場合、家賃の代わりに建物の減価償却費相当を経費にすることができます。土地部分は経費にはできません。

また、法人取得になるので、もし借入金をもとに住宅を購入したとしても住宅ローンの年末残高に応じてその年の所得税が安くなる「住宅ローン控除」は対象外です。

カミムラのつぶやき

法人で購入した社宅を売却する場合

購入した社宅を最終的に売却する場合、法人所有なので居住用物件に使える特別控除などの優遇税制の対象外となります。そのため、売却による利益が出た場合は個人所有の方が節税になる可能性があります。逆に売却損が出た場合は、他の事業の利益と相殺できるため、法人所有のほうが節税効果があります（個人の売却損も一定の要件を満たすと給与所得などと相殺できることがありますが、要件は厳しいです）。

家の購入に法人を絡めるかどうかは売却時まで含め慎重な判断とシミュレーションをすべきでしょう。

図表　役員社宅の徴収額規定

区分	役員本人から徴収すべき家賃相当額（月額）
小規模な社宅 (132㎡以下※)	(1)～(3)の合計額 (1)　(その年度の建物の固定資産税の課税標準額)×0.2% (2)　12円×(その建物の総床面積(㎡)／(3.3㎡)) (3)　(その年度の敷地の固定資産税の課税標準額)×0.22%
小規模でない社宅 (132㎡超※)	(1)　自社所有の場合 イとロの合計額の12分の1 イ　(その年度の建物の固定資産税の課税標準額)×12%（※） ロ　(その年度の敷地の固定資産税の課税標準額)×6% (2)　賃貸物件の場合 会社が家主に支払う家賃の50%の金額と、上記(1)で算出した額とのいずれか多い額
豪華な社宅（240㎡超） ただし役員個人のし好を著しく反映した設備等を有する場合240㎡以下でも対象になることがある	通常支払うべき使用料に相当する額

※法定耐用年数が30年を超える建物の場合、要件が変わります。

MEMO

実務的なところでいうと、賃貸物件の場合、大屋さんや不動産管理会社の協力が得られない限り「固定資産税の課税標準額」を知るのは至難の業です。その場合は、確実に徴収額ラインを超えると思われる額で給与から天引きしておくと無難です。一概には言えませんが、家賃の３割ほどの額に設定するケースが多いです。

4 生命保険料が経費になってトク

「法人を作ると、法人で生命保険に入ることも可能で、それが節税になることがあります。」

「従業員に保険金殺人されない？」

個人でも、生命保険の加入額に応じた所得控除（生命保険料控除）がありますが、上限が定められています（最大12万円）。

それに対し、法人加入の場合、保険の経費算入額に上限がありません。

法人として保険料を払い、被保険者を社長にすることも可能です。社長が死亡した場合等に保険金が法人に入るとそれは法人税の課税対象になりますが、その保険金を原資に死亡退職金を支払うなどの対策をとって、課税所得を減らすことができます。

法人加入の保険では、解約返戻金が高い割合で戻ってくる形の全額損金算入タイプの商品が昔は人気でした。しかし、金融庁からの指導でそういった節税

MEMO
保険の種類や加入の仕方によって、保険料が経費にならない場合や、2分の1だけが経費になる場合もあります。

対策商品の発売が終了になるなど、損金算入割合が大きいものの取扱いは近年大きく変わっており、節税としての意味合いは弱まってきています。

また、従業員がいる法人の場合、役員だけを被保険者として加入すると保険料が役員への給与となってしまうこともあるので注意が必要です。

5 社内規程を作って出張旅費を増やせるからトク

「法人では、『社内規程』があれば領収書がなくても経費にできるケースがあります。」

「そんな夢のようなことが!!」

法人ではある種類の支出に、社内規程による経費計上が認められます。その代表例が出張旅費で、社内規程を作り、出張についての日当を決めておけば、領収書による実費ではなく、この規程を根拠に日当額を経費に入れることができます（規程の例は左頁参照）。

ただし、あまり高すぎる日当は税務調査のときに認められないリスクがありますし、当然ながら、出張を実際に実施した記録が必要です（出張報告書など）。

MEMO

左の規程の別表１（※）のイメージ（金額は一例のため参考まで）

別表１

区　　分	日帰り日当	宿泊日当	基準宿泊費
役　員	4,000円	5,000円	13,000円
管理職	3,000円	3,000円	10,000円
一般職	2,000円	2,000円	8,500円

注）1. 宿泊費は必ず宿泊施設の正規の領収書を添付すること。
2. 実際にかかった宿泊費が上記の基準宿泊費以下の場合は、その実際に支払った額を支給する。
3. やむを得ない理由で上記の基準宿泊費を超えた場合は、別途協議のうえ支給額を決定する。

出張旅費規程

第１条（適　　用）
この規程は、役員および社員が社命により出張を行ない、職務を指示どおり遂行した場合の出張旅費等について定めたものである。

第２条（留意事項）
出張業務は日常活動の一つであるが、多額の経費を要するものであるので、自己管理を厳しくし、最少限の費用で最大の効果を追求するものとする。

第３条（出張の区分）
出張は日帰り出張、宿泊出張および特別出張の３種類とし、その定義は以下の各号に定めるところとする。
①日帰り出張
原則として勤務地より片道50kmを超える地域に出張し、宿泊を必要としない出張をいう。
②宿泊出張
原則として勤務地より片道150km以上の地域へ出張し、宿泊を必要とする出張をいう。
③特別出張
教育・研究のために出張する場合、または新規採用者およびその家族が居住地から勤務地に赴く場合の出張をいう。

第４条（旅費の定義）
本規程でいう旅費とは以下の各号のものをいう。
①交通費
②日当
③宿泊費

第５条（交通費、日当、宿泊費）
１．交通費は以下の各号のとおりとする。
①役員　グリーン車相当の運賃の実費
②その他の社員　普通車運賃の実費
２．日当は出張の日数に応じ、宿泊費は実際に宿泊した夜数に応じて**別表１**（※）により支給する。ただし、車中または船中に宿泊した場合は、宿泊費を支給しないで寝台料金の実費を支給する。

6 役員退職金を経費にできてトク

「法人には、役員退職金を経費にできるメリットもあります。」

「役員退職金か……。先に思えるけど大事よね。」

法人では、役員への給与と同じく、役員退職金も経費にできます。役員退職金をもらう側にも優遇税制があるので、これはいいですね。

退職金はかなり大きい額になるので、通常、将来に向けて毎年少しずつ積み立てます。この積み立ての段階では、税務上は経費にできませんが、最終的に支給する年に、税務上、役員退職金として適正と認められる額までが税金計算上の経費になります。適正額の算出についてはいくつかルールがありますので、その範囲内で最大になるように検討することが無難です。

大企業や公務員は
退職金とか年金で
老後も安心感あるけど
ごくろうさま
退職金
企業年金
退職金
(今の時代はそうでもないかな…)

小さい法人だと
老後が不安…
40年後くらい？
お金ないんです…
え〜
ヨボヨボ
退職金払いたくても
その時資金ないかも…

そんな時に
活用したいのが
役員退職積立金。
今年分
役員退職積立金
毎年少しずつ…

コツコツ貯めて安心！
あと、目標があると
がんばれます。
将来…
老後資金
積み立ての段階では税金計算上
の経費にはならないので
すぐ節税にはならないけど…

7 トク・ソンはよくシミュレーションを

「やっぱり法人作ったほうがトクよね？」

「でもね、個人事業で続けたほうがトクになるような場合もありますからね。収入や利益が○○円以上は法人がトク、とか一概に言えないんですよ。」

法人成りの節税を考える上で、まずは個人と法人にかかる税金の性質の違いを押さえておきましょう。

まず、個人の所得税は税金を払える能力を総合的にみて税負担が決まる特徴があります。

個人には、個人事業者、サラリーマン、年金生活者などいろいろな人が含まれます。それゆえ、社会保障の観点から、所得の低い人に対して税負担を軽くするように設計されています。一定額以下の所得の人、病気や扶養家族が多い人については各種所得控除が存在します。その反対に、所得が高い人については、所得の低い人の分も負担すべく、多くの税金がかかるような仕組みになっています。

それに対し法人は所得が上がっても税率が低めで、利益に応じて一定の税額が発生するというシンプルな仕組みです。さらに、中小零細企業は、財政基盤が

図表1　法人税の二段階の税率

区分	法人税率
資本金1億円超などの普通法人	23.2%
資本金1億円以下などの普通法人（中小企業者）	所得800万円以下の部分 15%
	所得800万円超の部分 23.2%

大企業に比べて乏しいので、一定の所得までは優遇される二段階の税率（**図表1**）になっており、最大45%になる所得税の税率に比べると低いです。また、グローバル化に伴い、近年はシンガポールや香港など、法人の税率が低い国・地域へ本社を移転する企業が出ていることから、さらに下がる可能性もあります。

一つの目安として、個人と法人で単純に事業利益にかかる税率が逆転する所得基準があります（**図表2**）。この所得基準を今後継続的に達成できる見込みがあれば、法人化に適しているといえるでしょう。ただし、試算の際には税額だけでなく、社会保険料も含めてトク・ソンのシミュレーションをしたほうが良いでしょう。

図表２　個人と法人の実効税率の比較

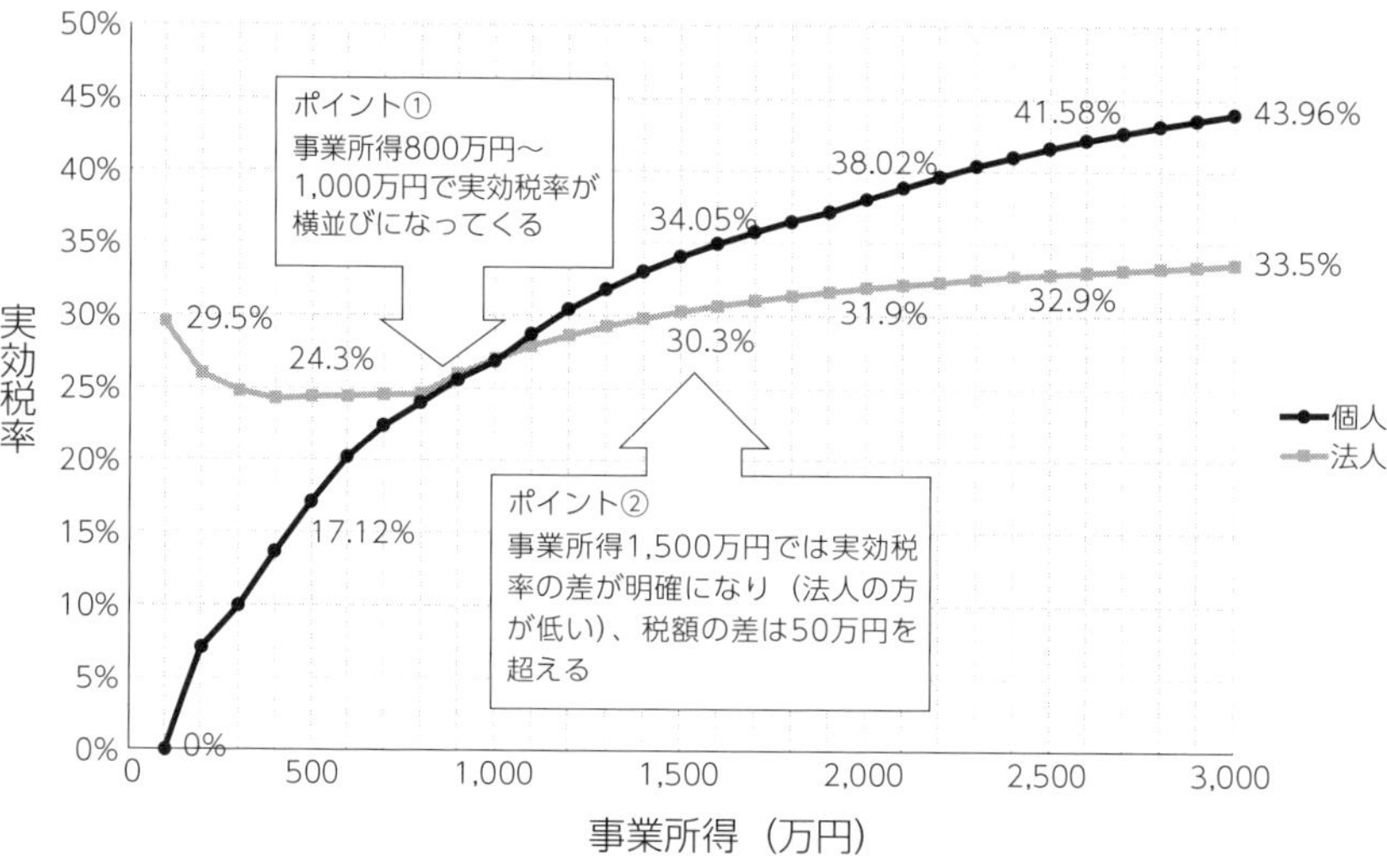

個人事業に係る税額（所得税・住民税・事業税）と、法人にかかる税額（法人税・住民税・事業税）を比較。

※個人は基礎控除 48 万円と青色申告特別控除 65 万円のみ考慮、個人事業税は５％の業種と仮定。

※法人は資本金等 1,000 万円未満＆従業員 50 人以下と仮定。住民税均等割(定額）の影響で当初実効税率が下がり、その後上昇する。

※個人は 2023 年分、法人は 2023 年３月末決算法人にかかる税率を適用。

MEMO

業種によって個人と法人の税体系が変わる場合があります。

例えば、漫画家や作家などで出版社等から原稿料や印税収入を得ていた場合で、近年急に所得が増えてきたようなときは「変動所得等の平均課税」という制度で低い所得税率が適用されることがありますが、これは法人税にはない制度です。また、同じく漫画家や作家などの文筆業は個人事業税が非課税になっている可能性がありますが、これは法人にかかる同様の税金「法人事業税」では非課税にはなりません。こういった税体系の違いにより、法人のほうが納税額が多くなるケースもあるので要注意です。

第2章

節税以外のトクはある？

1 社会的信用度の高さはトク

「やっぱり法人を作ると信頼度が違いますよね。」

「マタタビ株式会社代表取締役という肩書きは魅力ね。」

伝統的な商慣習として、お役所系、独立行政法人、大きめの会社などを中心に、法人でないと取引ができないというようなルールを決めているところが少なからずあります。

たしかに、法人化をすることで、登記手続によりその所在地、事業目的、代表者、役員など法人の情報が過去の変遷も含めて公開され、存在の実証性があります。また、必然的にプライベートのお金と法人のお金がキッチリ分かれてくるので、取引において信頼性も高いです。少額でも法人を設立できるようになったとはいえ、簡単には解散できませんので、ビジネスへの本気度を示す指標にもなります。

ビジネスの世界において信用というのは何より大事ですから、法人化することにより、ビジネスチャンスが広がる可能性がありますね。

法人化
してみたけど
ボワーン
(株)
個人
法人

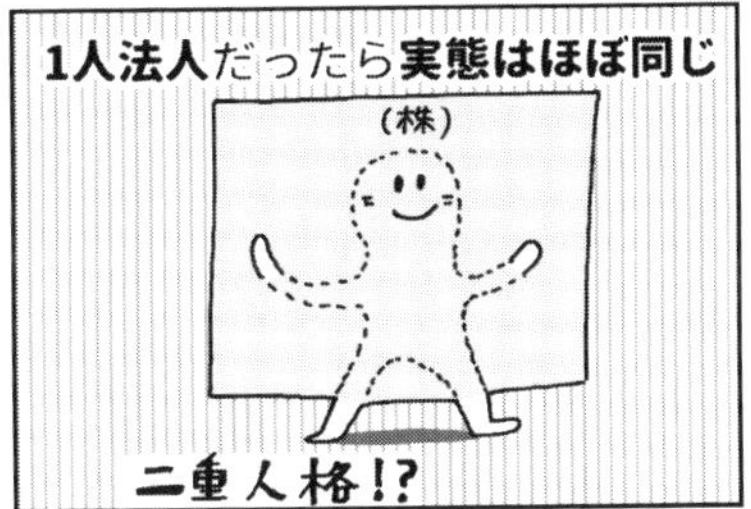
1人法人だったら実態はほぼ同じ
(株)
二重人格!?

でも世間の目はちがう
(株)
信用度に
大きな差…
信用
信用
ゲタ
個人

ゴゴゴ
慣　習
目に見えない慣習はおそろしい

2 決算月が決められてトク

「個人事業主の場合、事業の始まりと終わり（決算日）は全員同じ、1月1日～12月31日よね。そして確定申告。毎年お正月はそのことで頭が痛いわ。」

「法人を作れば、決算月を自由に決められます。」

個人事業主の決算日は12月31日で、その年の税金を計算して申告する期限が翌年3月15日です。ちょうど確定申告の時期が繁忙期に当たったり、12月が忙しくて節税対策の余裕がなかったりする人もいるのではないのでしょうか。

一方、法人は決算月を自由に決められるので、比較的余裕がある時期を決算時期にすることも考えられます。売上に季節変動がある事業であれば、売上の多い月を事業年度の前半に来るよう設定すると、その後、事業年度終了に向けて余裕を持って節税対策をとることができます。

ちなみに、昔からの商慣習からか、3月末決算と9月末決算にする法人は多いため、その経理や税務申告に対応する会計事務所も大変忙しい時期を迎えます。

もし決算期にこだわりがないようであれば、時期をずらすことで、会計事務所側も余裕のある時期になり、手厚いサービスを受けられるかもしれません。業界あるあるというか、実際にある話なのでご参考まで……。

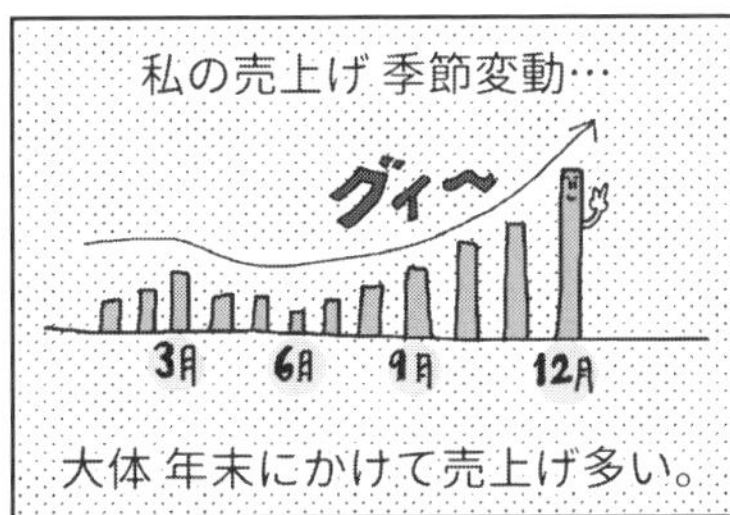

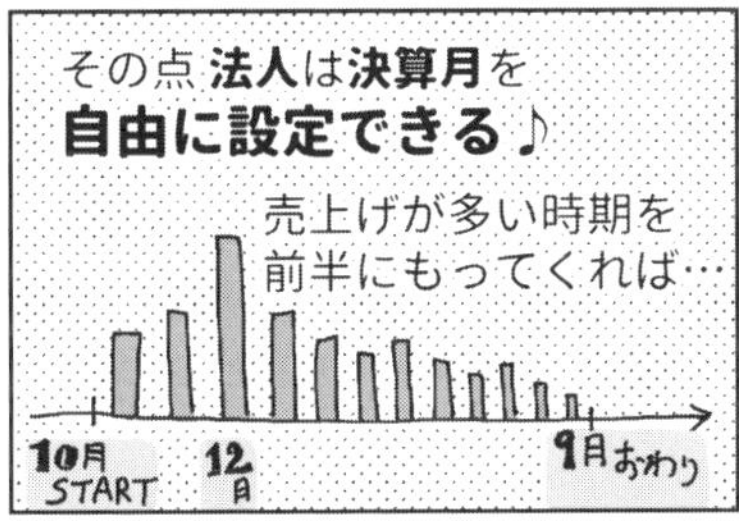

3　資金調達しやすいからトク

「社会的信用度が高いから銀行からの借入もしやすいです。」

「これからビジネスを大きくするにあたって、外せないコトよね。」

ビジネスを行う上で規模が大きくなれば、かかる費用も増えてきます。銀行などの金融機関からの融資を受けたいこともあるでしょう。もちろん、個人事業主でも融資の申込はできますが、法人化することで、借入の審査が通りやすくなる場合があります。

個人事業主時代の実績も重視されますが、事業を法人組織として運営することができていれば、それも評価されるでしょう。

また、株式会社を設立する際は、外部から出資を受けて資本金の一部とすることも可能です。出資する側にとっても、個人より、法人への出資のほうが、配当などのリターンのしくみもありますし、安心できます。

また、ベンチャー企業などへの出資を支援する税制（エンジェル税制）などの制度をうまく活用して資金を集めることもできます。

ただし、合同会社ですと、出資をする場合は経営にも参画する、逆に出資をやめる場合は経営からも足を洗うというように、出資と経営がセットになっていますので、要注意です（61ページ参照）。

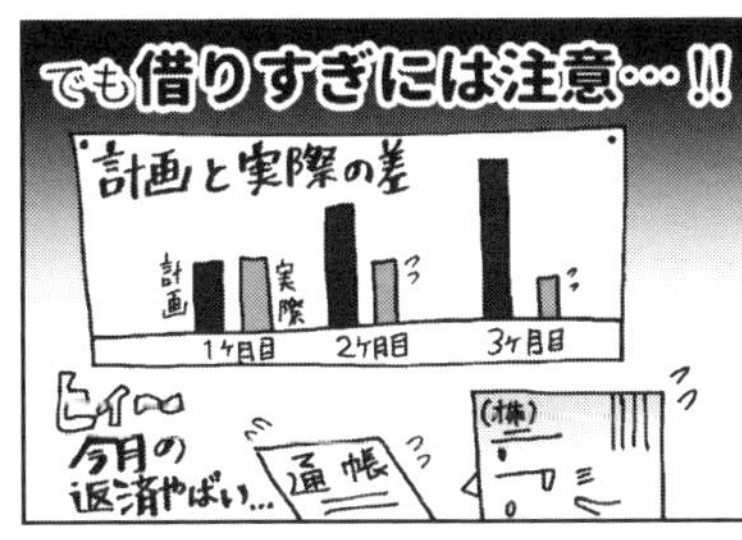

4 社会保険に入れるからトク

「社会保険料の負担があるし、トクかしら？」

「国民年金や国民健康保険より手厚いのは間違いありません。」

法人を作って給与を支払う場合、一人法人でも社会保険に加入する必要があります。つまり、個人事業主のときに加入した「国民年金」「国民健康保険」を脱退して「厚生年金」「健康保険」に入ることになります。これらの社会保険料の半分は法人が負担するため、個人と法人を同じ財布と見た場合、負担が増えますが、理論上は将来年金をもらえる額が増えますし、個人の場合に比べて保障が手厚いのはメリットと言えると思います（**図表1・図表2**）。

また、配偶者が専業主婦（主夫）などで所得が少ない場合、健康保険料や年金保険料を支払わなくても保険証がもらえたり年金を支払ったことになる「扶養」という制度があります（税法上の「配偶者控除」「扶養」とは対象者や要件が異なります）。なので、家庭の状況によっては、法人加入の社会保険のほうが、世帯合計の負担額が少なくなる可能性もあります。

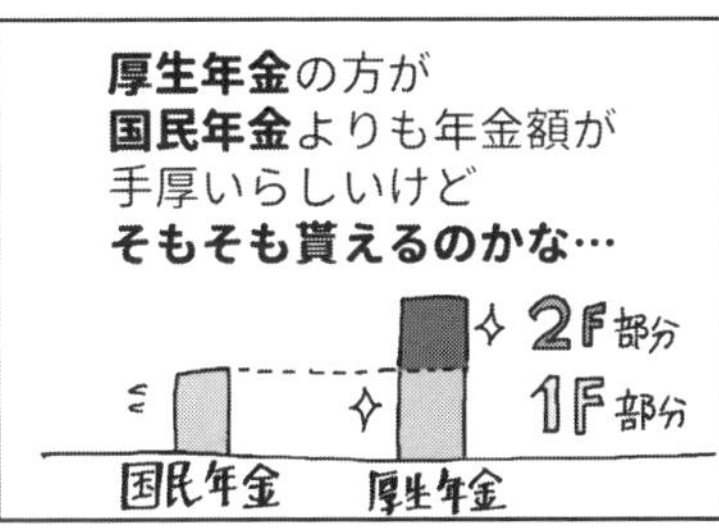

図表１　年金制度の違い

	年金制度	
	国民年金	厚生年金（社会保険）
加入者	個人事業主、無職の方など	会社勤めの正社員など
保険料	一定額	給与額に応じて決まる
保険料負担者	自己負担	自己負担＋会社負担
扶養している配偶者分	その分もかかる	第３号被保険者として保険料負担なし
所得に応じた減免・免除制度	あり	なし
保障面の違い①出産関係		出産育児休業期間の保険料免除あり
保障面の違い②病気やケガ、万が一のとき		・障害年金の支給対象者の範囲が広い ・遺族年金の支給対象者の範囲が広い

図表２　健康保険制度の違い

	健康保険制度	
	国民健康保険	健康保険（社会保険）
加入者	個人事業主、無職の方など	会社勤めの正社員など
保険料	前年所得に応じて決まる	給与額に応じて決まる
保険料負担者	自己負担	自己負担＋会社負担
扶養している家族分	その分もかかる	扶養として保険料負担なし
所得に応じた減免・免除制度	あり	なし
保障面の違い①出産関係	・出産一時金あり ・出産手当金なし	・出産一時金あり ・出産手当金あり ・出産育児休業期間の保険料免除あり
保障面の違い②病気やケガ、万が一のとき		傷病手当金あり

5 事業承継がラクでトク

「将来は早くリタイアして暖かいところでゆっくりしたいわ。」

「事業承継には、法人のほうがスムーズですよ！」

法人化のメリットとして、最終的に代表者が経営から身を引くとき、後継者など他者への引継や譲渡がスムーズにできることがあります。

個人事業の場合、資産などを一つひとつ譲渡しなくてはならず、手続きが煩雑ですが、もし株式会社であれば、株式の売買をするだけで、法人が所有する財産（プラスの財産、マイナスの財産）の引継、譲渡が一度にできます。

これは、M＆Aも同じで、チャンスをうまくいかせば、値上がりした株式の売却益などにより代表者個人の資産を大きく増やせる可能性があります。ベンチャーを大手企業が大金を出して買収したというようなニュースが沢山ありますが、それも夢ではありませんね。

法人は社長の
子どものような
ものでもある…
（株）
オギャ〜

だんだん大きく育っていき…
（株）
（株）
スクスク

（株）
これまで
育ててくれて
ありがとう…
いつか
巣立つ日も
来るかも
ウウ..

そんな時 法人だと
親離れ 子離れがしやすいのです
あの子を
よろしく
ハイ！
（株）
新社長
旧社長
金

（株）

カミムラのつぶやき

税務調査が来やすくなる？

税務調査……個人事業主や法人、相続があった個人等に、税務申告が正しく行われているかどうか、申告のもととなる資料を税務署の職員が調査しに来る制度をいいます。税務署が怪しいと思った（かつ税金の追加が出そうな）ところをピックアップして現地調査に訪れるのですが、これが納税者側の脱税の抑止にもつながっています。法人になると税務調査が来やすくなるという都市伝説があるそうですが、法人で規模が小さいと逆に大法人に紛れて実質的には来にくくなるということも考えられるため、一概には言えません。

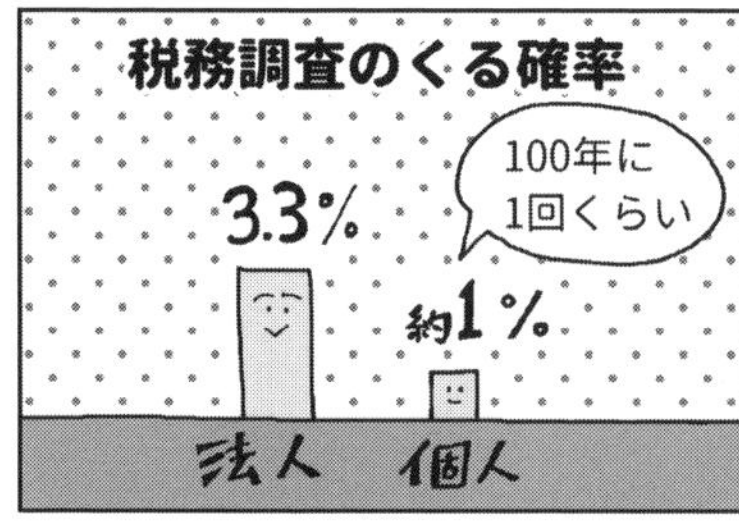

第3章

法人化のベストタイミングは？

1　個人から移行するほうがトク

「法人化ってどのタイミングですればいいのかしら？」

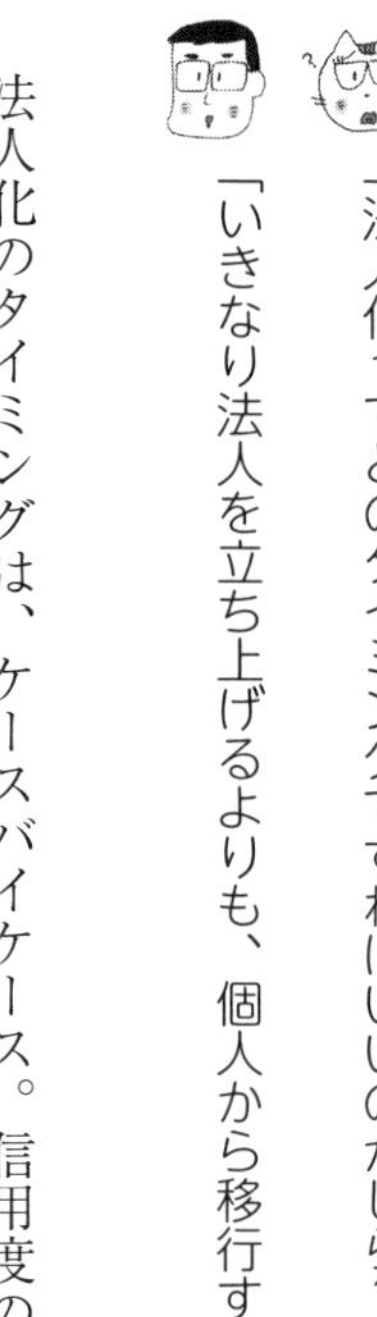
「いきなり法人を立ち上げるよりも、個人から移行するほうが節税できます。」

法人化のタイミングは、ケースバイケース。信用度の面で法人化の必要がある場合は、節税面でのメリットは後回しにしてすぐに法人化するようなケースもあります。税金面だけを考えると、法人にしたほうが節税になりそうな事業規模が今後しばらく続くと思うときが、ベストタイミングといえるでしょう。とはいえ、将来のことはわからない面があるし、何かきっかけがないと一歩踏み出せないですよね……。そんなときに、ひとつの目安となるタイミングがあります。

個人事業主が法人化する時期ランキングがもしあった場合、おそらく1位に輝くと思われるのは、「売上が1千万円を超えた年の2年後の少し前」ではないでしょうか。これには消費税の免税期間のしくみが関わっています。

個人が事業を行う場合、所得税、住民税の他に、利益が年間290万円（青色申告の場合は青色申告特別控除前）を超えると個人事業税が発生し、そして売上（※利益ではなく収入で見ます）が年間1千万円を超えると、2年後から消費税の課税事業者になり、消費税を税務署に納める必要があります。

消費税は、最終的に消費をする人（サービスの提供を受ける人、モノを買う人）が負担する税金ですが、その消費税を税務署に納税する手続きについては、事業者が代わりに行います。

簡単にいうと、事業全体の売上に含まれる消費税（預かっている消費税）から、経費に含まれている消費税（支払った消費税）を引いた差額を、事業者が納付します。

しかし、小規模な事業者は事務処理能力が高くない点を考慮して、この消費税の納税手続が免除されています。法人設立2年目までは原則として消費税の納税義務が免除されることになるため、個人で売上1千万円を超えた場合、2年後になる少し前に法人化すれば、消費税の課税事業者になるのをさらに2年間先延ばしすることができます。

事業規模が上り調子の時期にこの免税期間を当てはめることができると、その間の消費税の節税額は結構大きなインパクトがあるものになります。

MEMO

ただし資本金が１千万円以上だったり、６カ月間の売上と給与支給額が両方１千万円を超えるような場合は、この免税期間が短くなる特例が適用されます。

また、法人化後すぐにインボイス登録をする場合、設立２年目までの消費税の納税義務は免除されないため、要注意です。詳しくは次の項をご参照ください。

図表　消費税免税期間の考え方

	区分	その年の売上高	基準期間の課税売上高（2年前の売上高）	消費税納税義務
2020年	個人事業	900万円	1,000万円以下	免税
2021年	個人事業	1,200万円	1,000万円以下	免税
2022年	個人事業	1,500万円	1,000万円以下	免税
2023年	個人事業	1,800万円	1,000万円超	課税
2024年	法人	2,100万円	2年前なし	免税
2025年	法人	2,400万円	2年前なし	免税
2026年	法人	2,700万円	1,000万円超	課税
2027年	法人	3,000万円	1,000万円超	課税

法人化（2023年と2024年の間）

2024年・2025年：法人としては2期前の売上高がないため、免税になる。

法人化による消費税オトク期間

※ただし、法人化後すぐに法人として「インボイス登録」をする場合はこの免税期間がなくなりますので要注意です（次の項を参照）。

カミムラのつぶやき

大きな設備投資があるなら免税事業者のうちに法人化すべし

飲食店などで個人事業開業時に内装工事費などの設備投資をしていた場合、法人化に伴いそれらの設備を個人から法人へ売却する処理になります。この売却は実質的には内部的な名義変更や資金移動になるのですが、こちらも消費税の課税対象になります。金額的にもわりと大きい額になるケースが多いため、店舗型ビジネス等で何か設備がある場合は、免税事業者のうちに法人化することをオススメします。

2 インボイス制度に要注意！

「インボイス登録をすると、消費税の免税事業者じゃなくなってしまうんです。」

「そうなの？　インボイス登録しようか迷うわぁ～。」

２０２３年10月1日からインボイス制度が始まります。

インボイスとは、適格請求書とも言われ、売り手が買い手に対して、正確な適用税率や消費税額を伝えるための書類（名前は「請求書」ですが、領収書等も含む）を言います。２０２３年10月以降、事業者が消費税の納税額を計算する際に、インボイスのない経費に含まれる消費税は、売上に含まれる消費税から引けなくなります（制度開始から6年間かけて段階的に引けなくなります）。

売り手としてインボイスを発行するには、税務署に「適格請求書発行事業者の登録申請書」を出す必要があるのですが（いわゆるインボイス登録）、もともと消費税免税事業者だった場合は、このインボイス登録により消費税課税事業者となり、消費税の納税義務が新たに発生してしまうのです。それなら、インボイス登録をしないほうが税負担面ではおトクだと思うのですが……。買い

MEMO 1

個人事業主でも法人でも、事業規模にかかわらずインボイス登録は必須ではなく、事業者が必要に応じて登録の有無を選択できます。

手が大きな企業等の場合、免税事業者から購入・発注するものは消費税計算上で引けなくなるため、免税事業者とは取引しない、あるいは取引金額の減額を交渉してくる可能性があり、この影響を避けるためにインボイス登録をせざるを得ない状況が想定されます。

こういった事情で個人事業主時代に（もともと免税事業者だったものの）インボイス登録をしていた場合は、法人化後も引き続きインボイス登録を行う形になると思います。あるいは法人化を機にインボイス登録をするケースもあるのではないでしょうか。その場合、前項で説明した「設立2年目までの消費税免税」は残念ながら、なくなってしまいます。

一方、取引先（買い手）が主に個人消費者である等、インボイスの必要性が乏しい場合は、法人化後もインボイス登録をしないことで「設立2年目までの消費税免税」のメリットを活かすことが可能です。

このようにインボイス制度によって大きな影響を受ける法人化タイミングですが、仮に2年間の消費税の免税がなくても、所得税率と法人税率の差による節税効果からいち早く法人化したほうが得になるケースもあります。そのほか、取引先との都合から法人化が至急必要になるケースもあります。法人化のタイミングにただ一つの正解はないので、色々な角度から自社に合ったタイミングを探してみましょう。

MEMO 2

ただし、インボイス登録をしなければ課税事業者にならなかった場合は、制度開始から2026年9月30日が属する課税期間までは、消費税納税額を売上税額の2割に軽減する特例（2割特例）の対象になります。法人設立後の2年間がこの期間に含まれる場合、免税ではないものの、消費税納税額が少なくなるメリットは残ると言えます。

MEMO 3

個人の一般消費者はそもそも消費税の申告納税を行わないため、インボイスを必要としません。

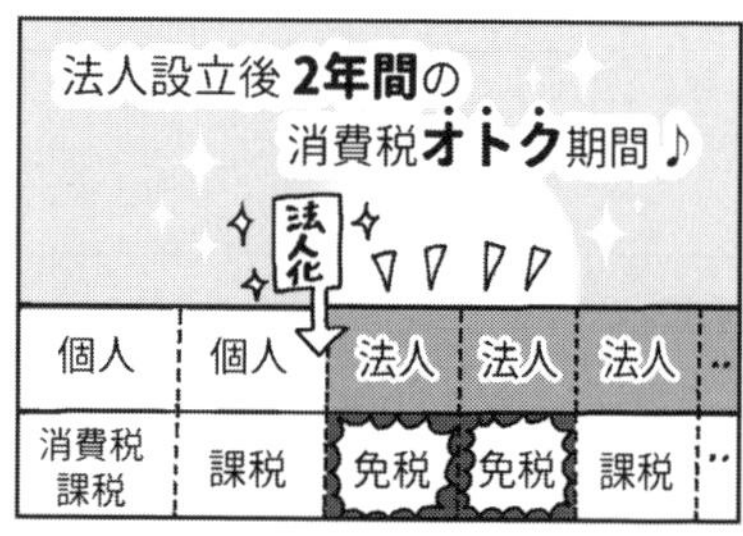
法人設立後2年間の
消費税オトク期間♪
法人化
個人
個人
法人
法人
法人
消費税課税
課税
免税
免税
課税

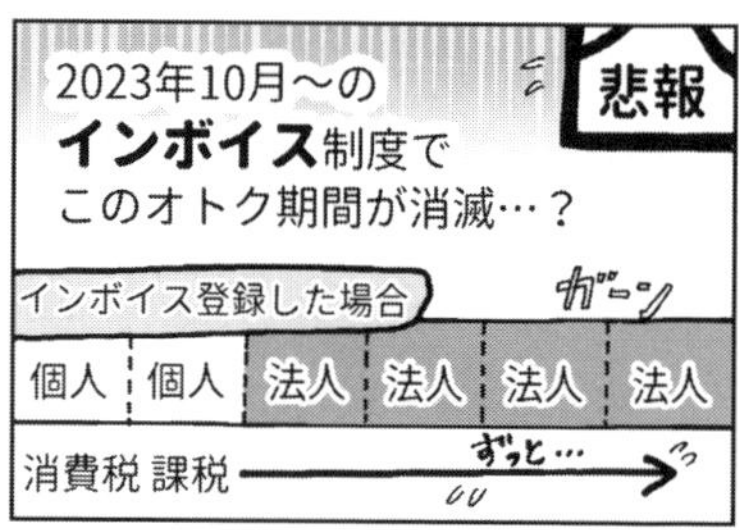
悲報
2023年10月～の
インボイス制度で
このオトク期間が消滅…？
ガーン
インボイス登録した場合
個人
個人
法人
法人
法人
法人
消費税 課税
ずっと…

っていうか
インボイスって何～
適格請求書？
仕入税額控除？
ドヨーン
私の仕事でも登録必要なの？

ちょっと朗報
2026年までは
2割特例？で
消費税の納税額 減る？
(要件アリ)
え…
これって私の会社も対象になる？
フクザツ…！
この期間は
ちょっとは
消費税オトクが
残るよう
です。

第4章

法人化でソンすることもある

1 法人設立と設立後の手続きが大変

「法人化の良い面ばかりにスポットを当ててきましたが。」

「物事にはその裏になる面があるわけで……。」

個人事業の開業は、開業届という書類を出せば良いだけだったことを考えると、法人の設立は非常に手間暇がかかると言えます。まず、法務局に会社の誕生を届け出る「設立登記」。コレが大変で、そもそも登記できる住所を探さなければなりません。ご自宅が賃貸物件の場合、居住用で契約している自宅住所では大家さんの許可がとれず登記ができないことも多く、シェアオフィスなどを探すケースもしばしば。

また、法人名義の銀行口座を作るのも一苦労です。特殊詐欺などに悪用されることを防止する観点から、金融機関における法人口座開設の審査が年々厳しくなっているためです。

その上、役員報酬をいくらにするかを決めたり、社会保険の加入の手続きをしたりといろいろやらなければならないことも増えます。

MEMO

設立登記にあたっては、登記簿謄本に会社住所とは別に代表取締役の住所も記載する必要があります。登記簿謄本は基本的には誰でも取得できることを考えると、今の時代、個人宅住所がばれるのは怖いですよね（それが法人の信用度の高さを裏付けている面もありますが……）。対策としては、例えば作家さんの場合などは、会社名を必要以上に表に出さない、個人事業時代の活動からは全く関連のない会社名にする等が考えられます。

また、集合住宅の場合はマンション名や部屋番号を省略して登記できるケースもあります。それでもどうしても出したくない場合は……別の方に役員（代表）になってもらい、自分は株主または平取締役として会社に関わるという方法も検討できるかもしれません。

税務申告も、個人の確定申告よりも複雑になります。法人の税務申告用の市販ソフトはありますが、専門家向けのものが多いため、自力で申告する手間と労力を考えれば、お金を払って税理士など専門家に依頼するのが現実的……かもしれません。

2 設立登記や変更登記に結構費用がかかる

「そもそも設立ってお金かかるの？」

「設立登記自体もお金がかかりますし、その後変更があるときにもお金がかかります。」

法人設立には、法務局での登記が必要になるため、その準備を含めて費用が発生します。かかる費用の目安は以下の表をご参照ください（**図表**）。

その上、法人の場合、登記事項（法人名、法人住所、事業の目的、役員住所など）に変更があれば、変更登記が必要になり、その都度費用が発生します。また、役員の任期が切れると、同じ人物が継続する場合でも重任という形で再度登記の手続きが必要になります。

シェアオフィスなどを法人の登記住所にする場合、シェアオフィスの閉鎖・移転などの都合で場所を移す必要性が意外と出てきますので、ご留意ください。

図表　設立費用目安

	株式会社	一般社団法人	合同会社
設立費用	定款認証手数料 5万2千円※1	定款認証手数料 5万2千円	定款認証手数料 不要
	定款貼付印紙代 4万円 電子定款なら0円※2	定款貼付印紙代 0円	定款貼付印紙代 4万円 電子定款なら0円※2
	登録免許税15万円	登録免許税6万円	登録免許税6万円
	計24万2千円	計11万2千円	計10万円

※1　資本金300万円以上の場合（100万円未満：3万2千円、100万円以上300万円未満：4万2千円）
※2　司法書士に依頼する場合、報酬（一般的には8万円前後）が加算される（電子定款の分は安くなる）

自宅は登記NGだったので…
シェアオフィスで登記！
SHARE OFFICE
私の住所♪
(合)
(株)

数ヶ月後…
バーン
SHARE OFFICE
終了のお知らせ
来月までに退去して下さい
(合)
(株)
え～

新しいシェアオフィスを
探して移転!!
NEW SHARE OFFICE
引越…
移転登記！
(株)

数ヶ月後…
SHARE OFFICE
終了の
お知らせ
え～
(株)
ビョーン
登記住所難民…

3 源泉徴収の手間が増える

「法人化すると、個人への外注費支払い時に『源泉徴収』をする手間が増えます。」

「『源泉徴収』ってなんか売上からあらかじめ税金が引かれてるやつ？　税金を引く側になるってどういうこと……？」

法人化後に法人から外注先等の個人へ報酬を支払う場合、基本的には「源泉徴収」の対象となり、源泉所得税を天引きした額で支払う必要があります（**図表**）。個人事業主から個人へ支払う場合はシンプルに報酬額でそのまま支払いできることを考えると、アシスタントなど個人への外注が多い業種の方にとってはこの負担増は大きなデメリットと言えるでしょう。

なお、1～12月の1年間が終わると、1年間の給与、報酬、家賃等の支払額を記載した「法定調書合計表」という書類を税務署に出す必要があり、前述の個人報酬に関して年間5万円超の支払いは「支払調書」を添付する必要があります。支払調書には支払先の住所氏名に加えマイナンバーを記載する必要があることから、マイナンバーの回収作業も必要になってきます。

MEMO 1

個人事業主でも（専従者等への）給与支払いがある場合は「給与支払事業者」という区分になり、個人への報酬支払に対して源泉徴収の義務が生じます。ただ、個人事業主の時は給与支払いをされていないケースが多いことを考えると、実質的には法人化による負担増といえるでしょう。

MEMO 2

ちなみに受取側は、支払いを受ける時点では源泉所得税の分の手取りが減ってしまうことになるのですが、その分はご本人の確定申告の際に年間納付税額から減額され、精算できる仕組みになっています。

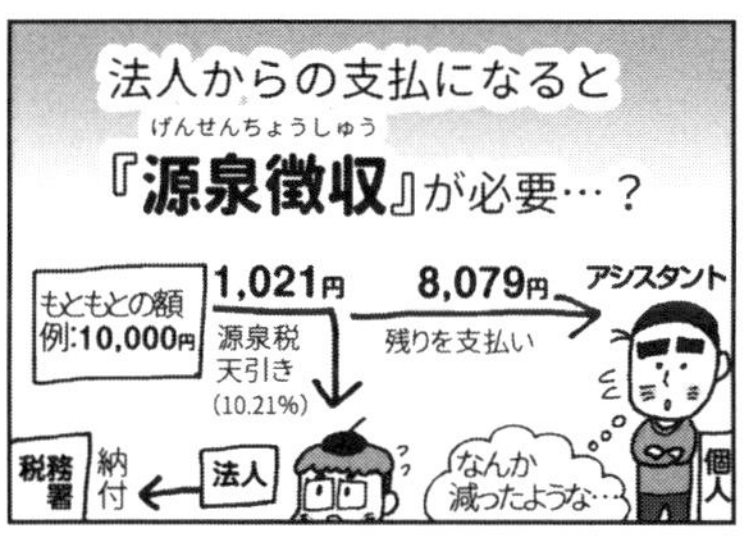

図表　源泉徴収（源泉所得税）の詳細

対象となる支払	法人から個人への「報酬」支払 ※物品購入は報酬ではありません ※法人から法人への報酬支払は基本的には対象外（一部例外あり）
報酬の業務内容	原稿料、講演料、税理士報酬……など、具体的に法律で定められています（限定列挙）。そのため、それ以外の業務ですと個人への報酬支払でも源泉徴収不要なケースもあります（例えば「システム開発」）。ただし、この判定が難しい場合、実務的には「迷った場合は源泉徴収しておく」対応が多く見られます。
源泉徴収の税率	① 100万円以下：報酬・料金の支払金額（A）× 10.21％ ② 100万円超：（A－100万円）× 20.42％＋102,100円
徴収した税額の納付	支払日の翌月10日までに、源泉徴収した税額を所轄税務署に納付

MEMO 3

支払調書へのマイナンバーの記載は義務ですが、支払先からマイナンバーの提出を拒否された場合等は、未記載でも問題なく受理されます（現時点では特に罰則規定はありません）。なお、マイナンバーは特定個人情報のため、回収にあたっては厳格な管理が必要になっており、実務的には専用のシステムを使うのが無難かと思います。

4 赤字でも法人住民税はかかる

「じつは、法人住民税は赤字でも支払わないといけないんですよ。」

「ええ!! 赤字だったらお金に余裕ないのに～？」

個人の場合、住民税均等割額はほとんどの自治体で年間5千円程度なのに対し（非課税の場合もあります）、法人ですと、資本金の額に応じて、最低でも年間7万円ほどかかります（自治体により若干異なります）。

この均等割額は法人が存続する限り納税する義務があり、例えばある年に赤字決算になったとしても、この法人住民税の均等割額だけは必ずかかります。もし何らかの事情で赤字が続いた場合、この負担は毎年じわじわと経営を圧迫することになります。

なお、法人ならではの特例として、（青色申告の場合）赤字額を繰り越せる期間が長い（9年）というのがあります。例えばある年に巨額の赤字を出してしまった場合、翌年以降の黒字と相殺できる期間が個人（3年）に比べて長いのです。別々の制度ですが、これを考えると、赤字でも免除されずに毎年発生する均等割も少しは我慢できますかね……。

5 役員報酬は1年に一度しか変更できない

「役員報酬は1年に一度しか変更できません。」

「利益が出たからそのぶん沢山貰うってことはできないんだ……。」

法人の役員報酬は経費に算入されるため、「利益が出たから期末に増額して支払う」のは実質的に利益操作になってしまいます。そのため、役員報酬には税務上厳格なルールがあります。

役員報酬は、毎月同じ時期に一定額を支払う（定期同額給与）ことになっています。また、役員には賞与は基本的に支払えません（事前に支払時期と支払額を税務署に届け出てそのとおりに支給する場合に限り認められます）。

もちろん、永久に変えられないわけではなく、事業年度開始後3カ月以内に株主総会を開いて役員報酬の変更について決議を行えば変更できます。ここでの変更前と変更後はそれぞれ、定期同額給与としてみなされます（**図表**）。

MEMO

例外的に、業績が大幅に悪化し、最初に決めた役員報酬を資金繰りなどの観点から会社存続のために下げる必要性がある場合に途中で減額が認められることもありますが、基本的にはやめたほうがよいでしょう。

また、定期同額給与は、事業年度単位なので、事業年度の変更とセットで役員報酬を変更する裏ワザもあります。とはいえ、事業年度を変更すると、過去との比較がわかりにくくなったり、消費税の免税判定などで不利になったりする場合もあるので、安易に行わないほうがよいでしょう。

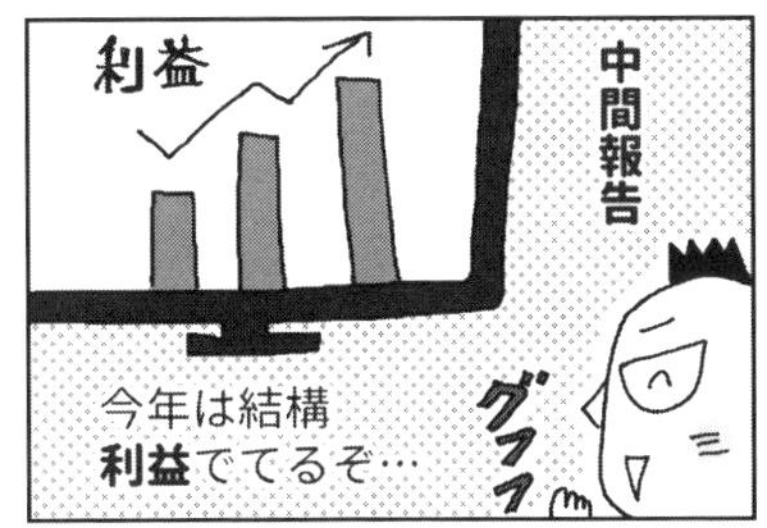

図表　定期同額給与の例

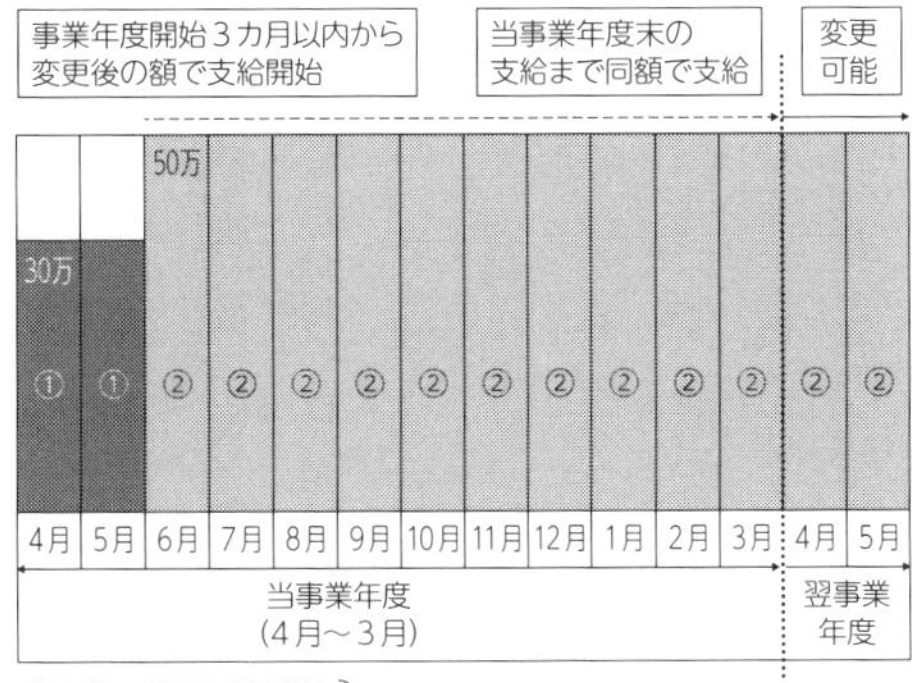

①4月～5月の30万円
②6月～5月の50万円 } いずれも定期同額給与になります。

6 社会保険に加入しないといけない

「これ、さっきメリットに入ってましたよね（怒）？」

「将来への投資をどう捉えるか。あなた次第です。」

一人法人でも社会保険は強制加入です。マイナンバー制度の影響もあって、給与は支払っているけれど社会保険には未加入である法人が発見されやすくなり、取り締まりは近年厳しくなっています。年金事務所などから、加入についての案内が少し怖い感じで届き、差し押さえやら、過去に遡って払ってもらうなどの文言が記載されています……。

一般的な社員などの給与については、社会保険加入のための一定要件（勤務時間など）がありますが、役員報酬の場合は（非常勤役員でなければ）原則加入です。家族を有給の常勤役員にしている場合でも、当然加入になります。

現行の制度では、厚生年金は70歳になるまで、健康保険は75歳になるまで支払います。国民年金の支払いは原則60歳までですから、この負担は法人化の検討において、長期的なスパンで考えるとかなり重要といえるでしょう（**図表**）。

図表　社会保険料の目安

給与額		社員負担	法人負担	合計
月額30万円	健康保険	15,000円	15,000円	30,000円
	厚生年金	27,450円	27,450円	54,900円
	合計	42,450円	42,450円	84,900円
月額50万円	健康保険	25,000円	25,000円	50,000円
	厚生年金	45,750円	45,750円	91,500円
	合計	70,750円	70,750円	141,500円
月額100万円	健康保険	49,000円	49,000円	98,000円
	厚生年金	59,475円	59,475円	118,950円
	合計	108,475円	108,475円	216,950円

39歳以下　協会けんぽ（東京都）令和5年度保険料額表をもとに計算。子ども・子育て拠出金（法人負担）は省いた額

MEMO

近年の少子高齢化・社会保障費増加の影響もあり、社会保険料率は年々上昇しています。巷でよく聞く「給料の半分くらいは税金や社会保険でもっていかれる」というのは、現時点ではかなり高額な年収の場合と考えられますが、今後は他人事ではないかもしれません。

なお、会社加入の社会保険料は、給与額に連動して上がる仕組みになっていますが、上限があり、協会けんぽ（東京都）の場合ですと健康保険は月額1,355,000円以上、厚生年金は月額635,000円以上の給与で社会保険料が一定額になり、給与額に対する負担割合は下がることになります。

7 会社の運営のルールが増える

「経営に口出しされるのはゴメンだわ。」

「株式会社で出資を募っている場合は特にルールが増えます。」

個人事業主の意思決定は自由ですが、法人になると一人会社であっても別人格。ルールに基づいて手続きを進めたり、書類として記録を残したりする場面が増えます。

特に、株式会社はあとで説明するように運営ルールが厳しく、重要な事項は株主総会での決議が必要になります。例えば毎期、決算を確定させることや、役員報酬を改定することに関しても株主総会や取締役会の決議が必要です。株主＝役員＝代表者が同一で一人の場合、全部一人で開催という流れにはなりますが、それでも形式的には書面で準備をして保存しておく必要があります。

また、株主（出資者）の中に代表者以外の方がいる場合は、正式には事前に株主総会の案内を送ったり、参加できない方については委任状を回収したりしなくてはいけません。この手続きの煩わしさはデメリットと言えるでしょう。

NEWS
△△自動車(株)
○○年度定時総会
株主総会かあ

上場企業とかの
大きな法人は大変ねぇ…
株主も多くて
紛糾する
こともある
みたいだし…

え!? 小さい法人でも
株主総会はやんなきゃ
なんないのね
法人の
運営BOOK

株主総会ってそもそも何～
私以外にも一応株主いるし
ちゃんとやんなきゃ…
意外と
面倒くさ～
召集通知
議案

8 プライベートとの境が厳しい

「個人事業主のときは仕事とプライベートが曖昧だったわね。」

「法人の信用度の高さに繋がる部分なので、単純にデメリットとは言えない面があるのですが、融通が利かなくなるのは確か。」

個人事業主は、事業用の資金とプライベートの資金の境目が曖昧で、例えば事業用に使っている預金通帳やクレジットカードで時々プライベートな収入や出金があっても、「事業主借」や「事業主貸」という科目を使って仕訳すれば許されました。それに対し、法人では、会社の資金を私的に使えば経済的利益の供与になります。

また、法人の場合、支払総額のうちの一部を事業経費にするという家事按分の考え方はありませんので、会社の資金でプライベートのものを買うことはできません。実務的には、もしプライベートな支出があった場合、役員が立て替えた経費などがあればそれと相殺、なければ役員貸付金などで処理しますが、役員貸付金については、一定の利息を付加する必要があります。

長い間精算しなければ、経済的利益の供与として役員報酬とされてしまい、その結果、50ページでご説明した「定期同額給与」が崩れることになります。

そのため、法人の経費に入れられず法人税が増え、同時に所得税も増加……という事態になりかねません。

カミムラのつぶやき

法人の解散も大変

法人は、設立時には法務局に登記しますが、やめるときには解散および清算決了の登記が必要です。この解散および清算決了の登記は、ゼロベースだった設立登記に比べるとずっと大変です。債権者への通知、財産の分配などがあるからです。これらを公平に行うために、手続きが詳細に定められています。また、登記自体にも費用が発生します。縁起でもないですが、デメリットの一つとして頭の片隅に置いておいてください。

第5章

どんな会社を作ればいい？

1　王道の株式会社

「株式会社は最もメジャーな会社よね。」

「会社といえば真っ先に思いつくのは株式会社ですね。」

最も知名度が高く信頼も厚い、いわば法人界のエースである株式会社。

会社を応援してくれる出資者に対して「株式」という証明書を発行し、株主（出資者＝株式所有者）の利益のために取締役ら経営陣ががんばる、というシステムです。あくまでも、会社を所有しているのは株主であり、経営者と必ずしもイコールにはならないのが特徴の一つです。

また、会社の規模に応じて、監査役・会計参与や会計監査人、委員会等といったさまざまな役割をもった機関設置が必須になってくることがあります。

設立する手続費用が他の形態の法人に比べて高く、決算情報の公告義務や役員任期が存在し、会社のルールである定款については公証役場で認証して認めてもらう必要があるなど、手続きが複雑な面がありますが、最も選ばれる、まさに「王道の法人」と言えるでしょう。

2　シェアを伸ばしつつある合同会社

「合同会社？　聞いたことないわ。」

「平成17年に生まれたので、比較的新しい形態ですかね……とはいえ、もう十分な歴史がありますよ。」

合同会社は平成17年の新会社法により新しく生まれました。アメリカ合衆国の州法で認められるＬＬＣ（Limited Liability Company）をモデルとしていることもあり、日本版ＬＬＣとも呼ばれます。

設立コストが低く、公証役場での定款の認証が不要であったり、自身の決算公告についての義務がなかったり、とても運営しやすい存在です。

株式会社と同じように出資の範囲内で責任を負う有限責任の性質をもちながら、それにとらわれない自由な内部規律の会社設計ができることが特徴で、近年急速にそのシェアを伸ばしています。

原則として出資比率に関係なく均等な権利を有することが可能となるので、発言権が対等な関係で起業する場合にも向いています。

MEMO
ただし、会社の経営は出資をした人に限られ、外部からの経営参入に対してはちょっと障壁が高いです。そのため、経営者同士での意見の対立がある場合には、経営が滞ってしまう可能性があるので注意が必要です。

3 その他にも法人の形はたくさんある！

「会社って株式会社と合同会社だけなの？」

「そんなことないですよ。種類はまだまだあります。法人化にあたって検討するかどうかはさておき、いくつかご紹介しますね。」

一般社団法人

一般社団法人は、「営利を目的としないこと」を特徴とし、営業活動で生じた利益（剰余金）を構成員に配当しないという「非営利」の法人であるため、社会貢献度が高いイメージがあります。

事業の目的については公益・共益・私益を問わず幅広い内容で展開が可能で、柔軟性があります。定款の認証手続や設立要件が複雑なためとっつきにくい印象もありますが、「会社」という名前がつかない法人の代表格として人気が高いです。また作り方によっては税制上の優遇を受けることも可能です。

NPO法人

ボランティア活動やさまざまな公益的な活動をしている民間の機関として耳

にすることも多いＮＰＯ法人。Non-Profit Organization（非営利組織）という英語の頭文字からとったもので、正式名称は「特定非営利活動法人」。法で定められた20種類の分野に該当する「特定非営利活動」を行います。

設立するには高いハードルがあり、10人以上の社員が必要で、所轄官庁から数カ月に及ぶ審査を受け、しっかりと許可を得る必要があります。

4 株式会社か合同会社か

「へー、法人にもいろいろあるのね！　でも現実的なのは株式会社か合同会社ってところかしら？」

「そうですね。タマミさんにはどちらがいいのか、考えてみましょうか。」

株式会社とは、その名のとおり、細分化された社員権である「株式」を発行し、それによって資金を調達する会社を言います。株式を所有する人が会社の所有者となるため、経営者＝所有者とはなりません（「所有と経営の分離」）。そして、この株式をどれだけ持っているかによって会社の支配権が変わってきます。

それに対し、合同会社とは、ヒトに重きを置いた組織形態で、出資者が原則として経営者です。出資者が複数いる場合でも、出資した額にかかわらず会社の支配権を平等に持つことになります（**図表**）。

どちらも出資額の範囲で責任を負う「有限責任」という点では同じですが、業務を運営する組織や重要事項の決議の方法が異なってきます。

図表　株式会社と合同会社

	業務の運営機関	重要事項の決議
株式会社	取締役（取締役会）	株主総会
合同会社	業務執行社員	総社員の一致

5　株式会社と合同会社の設立費用の差

「ふーん、そもそもつくりが違うのね。設立費用はどっちがおトクなの？」

「どちらがおトクかはわかりませんが、前述（44ページ）のとおり設立にかかる費用は株式会社が約24万円、合同会社が約10万円ですかね。」

定款の作成と認証作業にかかる費用

会社には、その会社の活動についての根本規則を定めた「定款」というものを作成する必要があります。株式会社も合同会社も定款の作成が必要です。ただし、株式会社の場合は、「定款」が正当な手続きにより作成されたことを「公証役場」の「公証人」に証明してもらう必要があります。この証明作業を「定款の認証」と言い、設立する会社の資本金の額に併せて３～5.2万円の費用がかかってきます。

なお、定款は紙で作成しますが、パソコンで電子データにより作成することも可能です。紙で作成した場合は、印紙税が別途４万円かかります。ちなみに、電子データで作成した場合には印紙税４万円がかかりませんが、特別な電子署名システムが必要なため、専門家に頼らず自分で行うのはあまり現実的ではあ

図表　定款の認証手数料

資本金の額	認証手数料
100 万円未満	３万円＋謄本代等約 2,000 円
100 万円以上 300 万円未満	４万円＋謄本代等約 2,000 円
300 万円以上	５万円＋謄本代等約 2,000 円

りません。

設立登記費用

会社をつくる準備が整い、法務局に書類を提出することで会社は完成します。その際に納めるのが「登録免許税」です。株式会社は最低15万円、合同会社は最低６万円の登録免許税がかかります。

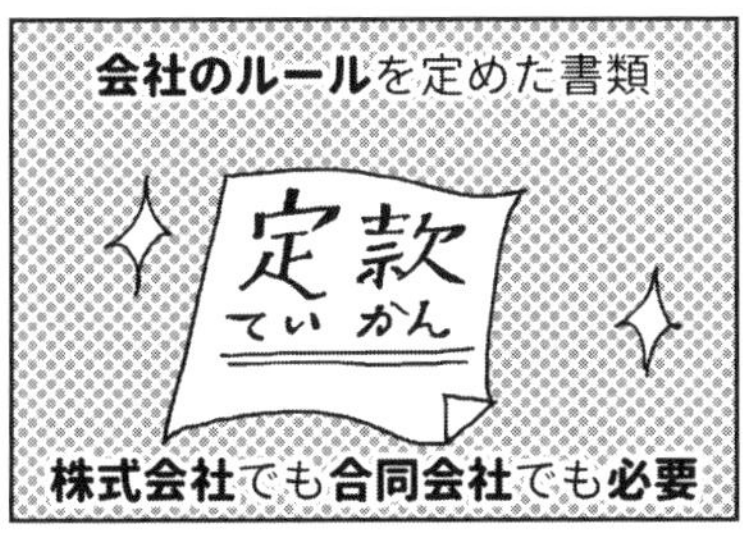

6 株式会社と合同会社の組織の違い

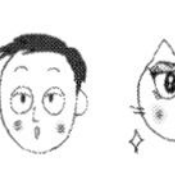
「設立する会社によって、私の法律上の肩書きは変わる?」

「そうですね。株式会社だと、代表取締役になりますが、合同会社だと代表社員になります。」

株式会社の組織形態

株式会社の場合、会社の業務を執り行う「取締役」を一人以上置き、その中から「代表取締役」を選びます。代表取締役は、一般的に社長となることが多く、いわゆる会社の顔になります。ちなみに、必ずしも株主である必要はなく、外部から雇ってもOKです。任期は原則2年、最長で10年を設定できます。また、会社の規模によって、取締役の業務や会計を調査する「監査役」や、取締役で構成する「取締役会」などの設置が必要です。

合同会社の組織形態

「出資者＝業務権限を持つ社員」ですが、定款に定めれば、業務執行権を持つ人と持たない人に分けることができます。

業務執行権を持つ人を「業務執行社員」と呼び、その中から代表権を持つ「代表社員」を選びます。

なお、株式会社のような監査役や取締役会といったような機関はなく、役員の任期もありません。

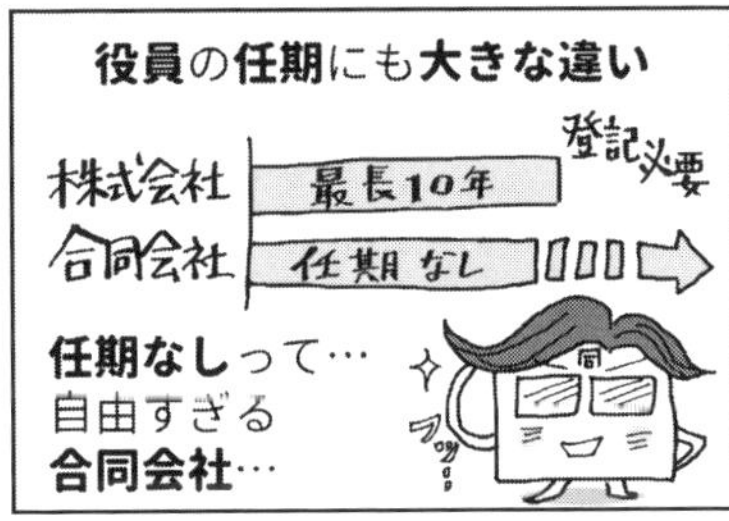

7 結局どっち？

「うーん、どっちがいいのかわかんないわ。安いのが合同会社ならそっちかしら。」

「安いから合同会社、というのは、あとあと二重にコストがかかることにもなりかねませんのであまりおすすめできません。株式会社と合同会社の違いを確認し、将来を見据えて決めましょう。」

決算公告義務の有無の違い

会社に重要な変更や報告事項が起こる際には、定款に記載した方法により「公告」を行う必要があります。一般的には『官報』という国立印刷局が発行する国の新聞のようなものに載せることが多いです。

株式会社は、毎年の定時株主総会での決算報告の承認後、貸借対照表などの計算書類を公告することが義務づけられています（決算公告の義務）。公告方法の定め方によっては、オンラインによる方法も可能です。なお、この公告義務は、合同会社にはありません。

資本金の増加方法の違い

株式会社では、資本金を増やしたい場合には、新たに株式を発行し、出資を募ります。合同会社では、株式という制度自体がないため、既存の出資者が新たに出資をするか、新たに出資をする人を社員として招き入れることになります。

信用度の違い

近年ではだいぶメジャーになってきた合同会社ですが、平成17年の新会社法によって新たにつくられた法人形態なので、そもそもの歴史もまだまだ浅いです。そのため、やはり株式会社の方が社会的な認知度は圧倒的に高く、会社としての規模も大きく見られるため株式会社のほうが信用度は高いといえます。

ただし、合同会社の設立件数は年々上昇しており、新たに設立される会社の25％以上のシェアを占めるようになりました。Apple や Amazon などの大手外資系企業の日本法人は合同会社であることや、現在では株式会社にその形態を戻しましたが、日本の大手企業である西友も２００９年に合同会社化したことなど、その知名度は上昇してきています。

合同会社と株式会社のチガイ
●決算公告義務
●資本金の増加方法
など…
結構ちがいがあるのねぇ

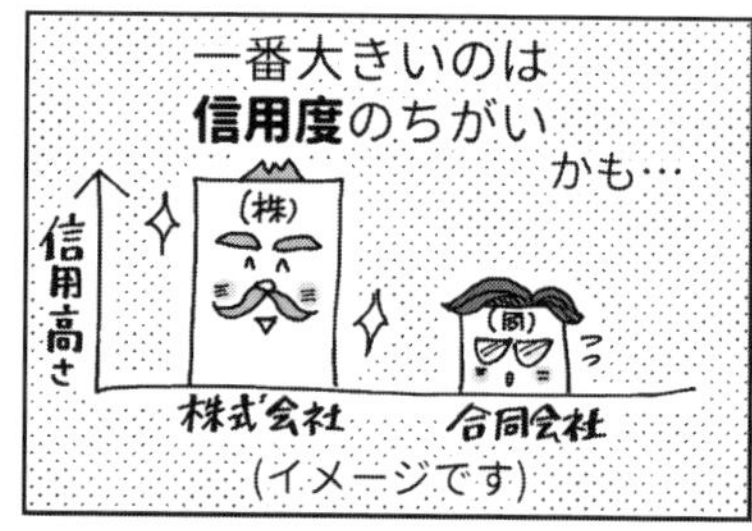
一番大きいのは信用度のちがい
かも…
信用高さ
(株)
(同)
株式会社
合同会社
(イメージです)

でも、最近
●●合同会社
え〜
この会社も…
超巨大企業でも
合同会社けっこうある…

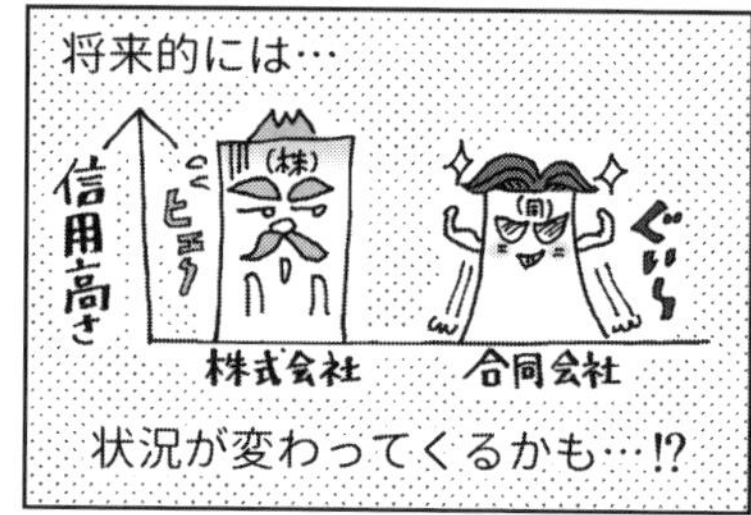
将来的には…
信用高さ
(株)
(同)
ぐい〜
株式会社
合同会社
状況が変わってくるかも…!?

第6章

いざ、会社設立！

設立山

書類

ドキドキ

1 会社設立は自分でできる？

「設立となると、ツチダ先生のような司法書士さんに頼むのかしら？」

「もちろん、専門家に頼ることもできますし、最近ではオンラインサービスを利用して自身で設立することもできますよ。」

ひと昔前まで、会社設立と言えば、司法書士に頼んで行うのが当たり前でした。しかし、会社設立の手続きの要件緩和や、インターネットやテクノロジーの発達により、誰でも簡単に情報が手に入る時代になり、自分自身で会社を設立する人も珍しくなくなってきました。「会社設立ひとりでできるもん」や「freee 会社設立」といった会社設立のオンラインサービスもあります。

最近ではいわゆる電子定款の「電子認証」のみを格安で代行するサービスも見受けられるようになったため、定款作成時の印紙代を抑えるための電子署名を用意するといったハードルさえも低くなってきています。

とはいえ、専門家に頼るメリットは多々あります。手続きの手間暇はもちろん、やはり定款や会社の内容についてオートマチックなサービスでは手が届かない部分が沢山あります。ときに専門家の知恵を拝借し、学びながら、会社経

営者の一歩を踏み出していくのも大事なことだと思います。

ツチダのつぶやき

目標やゴールに合わせて決めよう

法人形態には、それぞれメリット・デメリットが存在するので、自身の事業のスタイルや目標とするゴールに合わせて決定していくことが重要です。

法人化する目的が何であるか、そこをよく考える必要があります。株式上場というゴールを目指したり、広く多くの人たちに支援してもらう考えであったり、借入ではなく投資家からの出資を受けたいのであれば株式会社です。身内だけで経営していきたいのであれば合同会社のほうがメリットが大きいです。

一番良くないのは、設立費用が安いからとりあえず合同会社をつくって、時期が来たら株式会社に……というスタンス。株式会社へ組織変更するには、実はなんだかんだと株式会社を設立する分くらいの費用がかかったり、債権者保護の公告が必要だったりと、簡単にはいかないからです。いっそのこと新しく株式会社を作ってしまったほうが楽な場合すらあります。

会社の形を変えるのって、思ったよりもお金も時間もかかるものなので、コストが低いからという理由だけで安易に決めてはいけませんよ！

2　会社設立の流れ

「ふーん、自分でやるにしても、法律用語は難しいし、何をすればよいのかちんぷんかんぷんだわ。」

「会社をつくる流れを図に示しますね。」

① 会社の重要事項の決定・会社印鑑の作成

↓

② 定款作成

↓

③ 定款認証（株式会社のみ）

↓

④ 出資金の払込

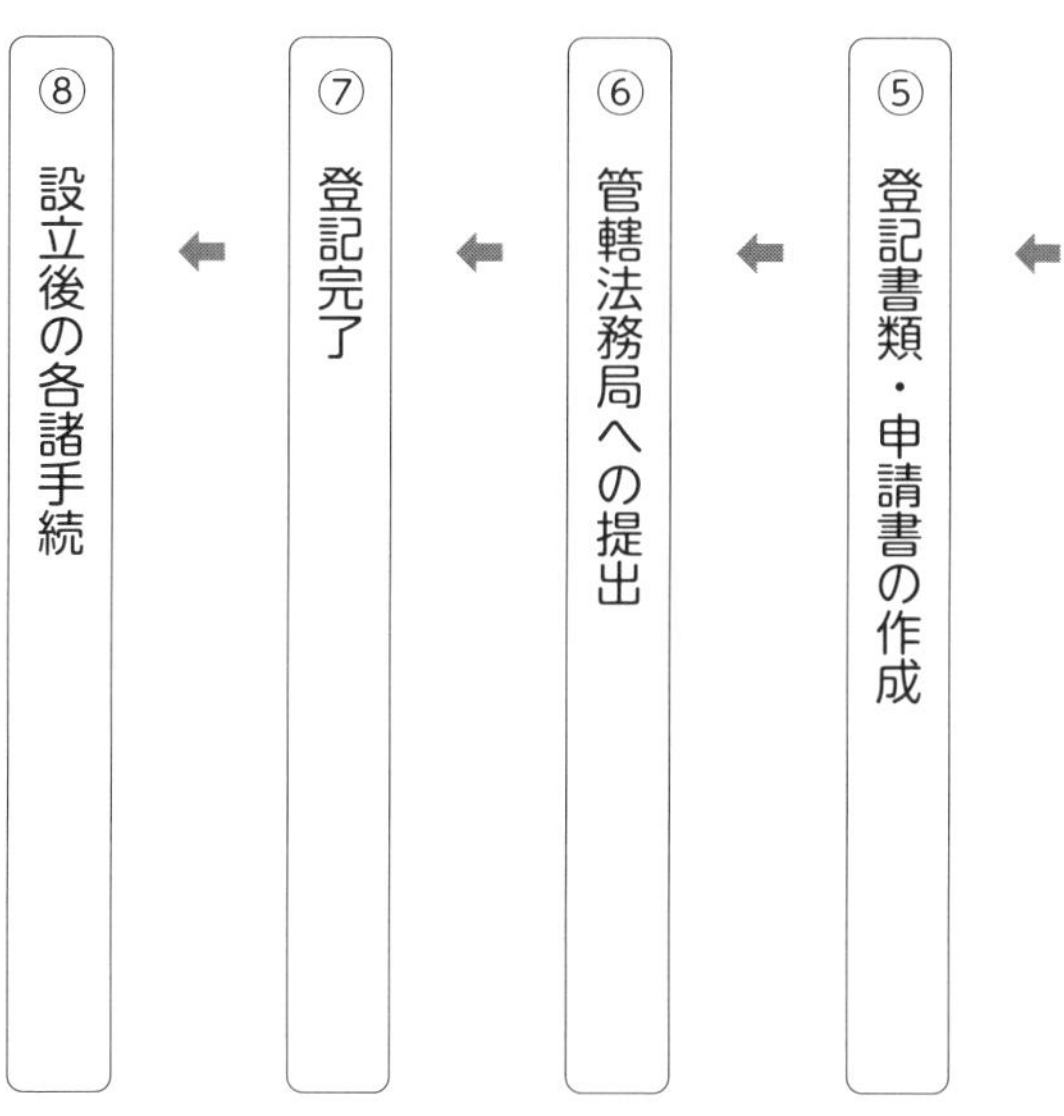
⑤
登記書類・申請書の作成
⑥
管轄法務局への提出
⑦
登記完了
⑧
設立後の各諸手続

登記ボ
法務局
申請書類
(株)
オギャー
ドキドキ

3 会社の名前を決めよう

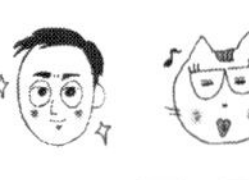

「会社の名前か。ワタクシ本名『又旅 多真美（またたび　たまみ）』なんだけど、『マタタビ株式会社』かな。」

「いいですね。会社の名前が決まったら、印鑑、ハンコを作ります。」

会社の名前「商号」の決定は企業を表す看板のようなもの。とても大切です。もちろん設立してから名前を変えることもできますが、登記の変更手続や、各種届出・取引先への周知などが必要で面倒ですから、設立のときにしっかり考えるべきでしょう。

会社の商号は、**図表**のようなルールはありますが、基本的には自由に決定できます。

ちなみに、同じ地域に全く同じ名前や似たような名前の会社が存在しても設立することは可能ですが、有名企業と同じ名前にしたりすると、勘違いや取引上の信用問題から訴えられてしまうことも考えられます。リスクのない常識ある名前が望ましいです。

図表　商号のルール

ルール1　株式会社○○、○○株式会社のように「株式会社」（合同会社）を必ずつける
ルール2　使える記号は次のとおり
（1）ローマ字
（2）アラビヤ数字
（3）「&」（アンパサンド）「'」（アポストロフィー）「,」（コンマ）「-」（ハイフン）「.」（ピリオド）「・」（中点）

※ただし、(3)の符号は字句（日本文字を含む。）を区切る際に限り使用可能なので、先頭または末尾に使うことはできません。ただし、「.」（ピリオド）は省略を表すものとして末尾に用いることもできます。 なお、ローマ字を用いて複数の単語を表記する場合に限り、単語の間を区切るための空白スペースを用いることもできます。

商号が決まったらハンコを作ります。一般的なハンコ屋さんでは、「3点セット」という形で「実印・銀行印・契約印（角印）」が販売されています。素材等にこだわれば、値段もピンキリです。印鑑の作成に時間がかかることもあるので、余裕をもって好きなものを選びましょう。

ツチダのつぶやき

商号に夢を詰めて

設立する企業の目指す姿を表す名前なんかもいいですね。たとえば、「カルビー」はカルシウムの「カル」とビタミンB1の「ビー」を併せてカルビー。健康に役立つための商品づくりを目指すという意味が込められているそうです。

他にも、「ファンケル」は、化学工業製品のうち、多品種・少量生産で付加価値の高いものや医薬品等を意味するファインケミカル（FINE CHEMICAL）を組み合わせてつくられた造語です。商品名や創業者の名前からつけられるものもありますし、商号一つとっても、様々な思いが込められていたりいます。

う〜む
命名
会社の名前…

自分の子に名付けるよう…
(株)
かわゆい…
ばぶ〜

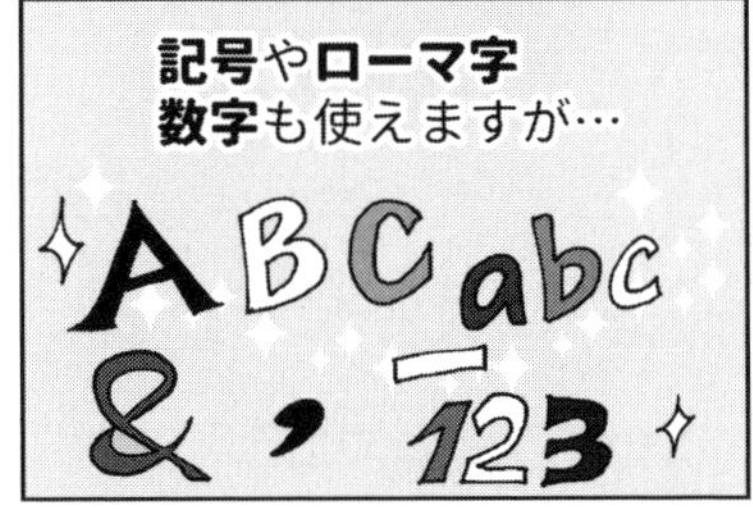
記号や**ローマ字**
数字も使えますが…
ABCabc
&,-123

あまりにも読めないと
将来**苦労**するかも…
(株)
え〜と…
何て読むの?

4　事業の目的や出資内容を決めよう

「目的……お金をたっぷり！　うふふ。」

「そういうことではなく、会社が何をしていくのかを決めていきます。」

事業の目的を決める

定款に記載する「事業の目的」は、会社がどんな事業を行っていくかを示すものです。法令で禁止される事業を除き、基本的に書き方は自由ですが、具体的に記載するよりも、ある程度ふわっと包括的に記載しておくパターンが多い傾向があります。将来行いそうな事業内容を含めて記載しておくと良いでしょう。とはいえ、なんでもかんでも目的として記載してしまうと、事業の骨子がなんだかよくわからない会社になってしまいます。

ちなみに、許認可が必要な事業に関しては、特定の文言でないと許可が取れなくなる等の要件があるものもありますので注意が必要です。

出資内容

事業の目的が決まったら、次は出資内容を決定します。

株式会社であれば、出資者（発起人）が誰で、どれだけの金額を出資してどれだけの株式を取得するかを決めていきます。

合同会社では、誰がいくらの出資をするのかを決めていきます。

設立時の出資額は、そのまま会社の資本金となりますが、1円でもOKです。ただし、あまりに低い金額にしてしまうと、やはり信用問題が……。資本金1円の会社と100万円の会社と1千万円の会社。やはり信頼ができるのは、金額の高いほうですよね。後から資本金を増やす手続きをするのにも、登録免許税や手数料がかかります。

MEMO
注意したいのが、資本金が1千万円を超える会社。この場合、2年間の消費税の免税の特例が使えなくなります。そのことを含めて、出資の金額を決めていきましょう。

5 定款を作成しよう（株式会社）

「ていかん？」

「先ほど決めた商号や目的など、会社のルールを記載した約款を作成し、公証役場に届けます。」

株式会社の定款は、発起人（株式会社の最初の出資者）が作成します。定款には、絶対に記載しないといけない「絶対的記載事項」、決めた場合に定款に記載することで効力を発生する「相対的記載事項」、記載するかどうかは自由である「任意的記載事項」を記載します。

商号や目的といった、絶対的記載事項以外はある程度自由に設計可能なので、会社独自のオリジナルなものを作成することも可能です。最近では、定款の「前文」として、会社の企業理念を記載したり、コンプライアンスを重視することを条文に盛り込んだりと、その内容は多様です。

また、取締役「会」や監査役といった機関を設置するかどうかによっても、

図表　記載事項（株式会社）

絶対的記載事項	相対的記載事項	任意的記載事項
・商号 ・目的 ・本店所在地 （最小行政区画まで） ・設立に際して出資される財産の価額またはその最低額 ・発起人の氏名または名称およびその住所	・株式の譲渡制限に関する規定 ・相続人等への売渡請求権 ・株主総会の招集通知の提出期間の短縮 ・役員の任期伸長 ・株券を発行する場合は株券を発行する定め ・現物出資、財産の引受けに関する事項 ・その他	・公告方法 ・事業年度 ・取締役等の員数 ・株主総会の議長 ・定時株主総会の招集時期に関する規定 ・基準日に関する規定 ・企業理念 ・コンプライアンスに関する規定 ・その他

定款の記載事項が変わってきますので、自分が作りたい株式会社には何が必要なのかを、しっかりと考えながら作成していきましょう。

作成した定款は、管轄の公証役場で公証人の認証を受けることで完成します。

この時、定款とは別に、「実質的支配者となるべき者の申告書」を作成します。

6　定款を作成しよう（合同会社）

「株式会社と合同会社の定款は違うの？」

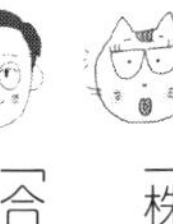
「合同会社の定款について説明しますね。」

合同会社の定款は、社員（合同会社の最初の出資者）が作成します。合同会社の定款にも、絶対に記載しないといけない「絶対的記載事項」、決めた場合に定款に記載することで効力を発生する「相対的記載事項」、記載するかどうかは自由である「任意的記載事項」があります。

基本的な商号や目的といった部分や、事業年度についてなど、株式会社と同じ項目もありますが、そもそも会社としての形態が違うので、やはり記載する内容も変わってきます。

より自由な設計が可能（定款自治）

合同会社は、業務執行者が必ず出資者であることから所有と経営が一致しています。そのため、合同会社の定款については、会社内部組織や持分に関する

図表　記載事項（合同会社）

絶対的記載事項	相対的記載事項	任意的記載事項
・商号 ・目的 ・本店所在地 （最小行政区画まで） ・社員の出資の目的と価額 ・社員の氏名または名称およびその住所 ・社員が有限責任社員であることの記載	・業務執行社員の定めの規定 ・代表社員の定めの規定 ・その他	・公告方法 ・事業年度 ・その他

事項について法律（会社法）に規定が置かれていなかったり、規定があった場合でも、定款の定めにより別個の規定を定めることができたりと、より自由な設計が可能となっています。例えば、各人の出資額に関係なく利益配分を設定することも可能です。ただしその場合は、利益配分についての取り決めは慎重に定めておく必要があります。

認証手続は不要

合同会社の定款は、株式会社の定款と違い、公証人の認証手続が不要になります。認証作業がいらないので、「実質的支配者となるべき者の申告書」も不要です。

設立手続が簡略化されているので、株式会社よりもラクに設立できるメリットはありますが、公証人による定款のチェックをしてもらうことがないため、定款内容に不備があった場合に法務局で設立登記が通らないことも考えられるので注意が必要です。

紙定款と電子定款

合同会社の定款の場合、紙で定款を作成し保管する際には、自身で作成した会社保管用の原本に収入印紙４万円を添付して保管します。専用機材により電子署名を行い、電子定款で作成した場合には、この印紙代はかかりません。

7 登記申請書を提出しよう（株式会社）

「あとは登記か。難しそうね。」

「順を追って説明しますね。」

定款の作成・認証が終わったら、会社設立のゴールまではあと少しです。必要な書類を作成し、法務局へ会社設立の申請書を提出します。提出までの流れを、まずは確認してみましょう。

①出資者による出資の履行
※代表者1名の発起人の個人の口座に資本金額を入金します。

↓

②登記に必要な書類作成と申請書作成

↓

③管轄法務局へ登記申請（不備があれば補正対応）

1週間ほど待つ　※各法務局・時期により変動

⬅

④登記完了！

⬅

⑤印鑑カードの取得を申請し、謄本・印鑑証明をＧｅｔ！

株式会社の会社設立に関して必要になる書類は**図表1**のとおりです。申請書には、**図表2**の内容を記載します。**図表2**に加えて、別紙に記載する「登記すべき事項」は、**図表3**のとおりとなります。

これらの記載をした登記申請書と登記書類を作成して、最後に、登記に必要な収入印紙を貼る台紙を用意したら完成です！

図表1　登記申請書類

1．定款
　公証役場で認証を受けたものを添付します。
2．発起人の決定書
　会社の本店所在地の詳細な場所を決定します。公告の方法が電子公告の場合にはサイトアドレス（URL）を決定します。定款に設立時役員の記載がない場合はここで決定します。
3．設立時代表取締役の選定を証する書面
　設立時代表取締役について定款に記載がない場合で、設立時取締役の過半数の一致で選定した場合に必要になります。
4．設立時役員の就任承諾書
5．設立時役員の印鑑証明書及び本人確認書類
　印鑑証明書を添付すれば、本人確認書類は必要ありません。
6．払込みがあったことを証する書面
　資本金の払込みをした代表発起人の個人通帳の必要部分をコピーして併せて作成します。
7．印鑑届出書
8．現物出資に関する書類
　現物出資がある場合には、それに関係する書面が必要になります。

図表2　申請書の記載事項

（1）商号
（2）本店
（3）代表者の氏名及び住所及び連絡先
（4）登記の事由
　令和〇〇年〇〇月〇〇日発起設立の手続終了
　※株式会社の発起設立の場合は、この手続完了の日から2週間以内に登記申請をするように注意しましょう。この期間が過ぎてからも登記は可能ですが、過料という罰金が科せられる可能性が出てきてしまうので注意が必要です。
（5）登記すべき事項
　図表3の内容を別紙に記載します。
（6）課税標準額及び登録免許税の額
　15万円（資本金額×1,000分の7が15万円以上の時はその価額、ただし10円以下切り捨て）
（7）申請年月日
　登記所に申請した日が会社設立日になります。
（8）管轄登記所の表示
（9）添付書類の名称及び通数

図表3　登記すべき事項

商号/本店/公告をする方法/目的/発行可能株式総数/発行済株式の総数/資本金の額/株式の譲渡制限に関する規定/役員に関する事項/取締役会設置会社に関する事項（規定があれば）/監査役設置会社に関する事項（規定があれば）/「登記記録に関する事項」設立

図表４　設立登記申請書の例

受付番号票貼付欄

株式会社設立登記申請書

フリガナ　　　　　　　マタタビショウジ
1．商　号　　　　　　マタタビ商事株式会社

1．本　店　　　　　　東京都○○区○○一丁目１番１号

収入印紙は貼付台紙に貼ります。

1．登記の事由　　　令和○年○月○日発起設立の手続終了

1．登記すべき事項　別紙のとおり

1．課税標準金額　　　　金　２８０万円

1．登録免許税　　　　　金　１５万円

1．添付書類

定款	１通
発起人の同意書	１通
設立時代表取締役を選定したことを証する書面	１通
設立時取締役，設立時代表取締役及び設立時監査役の就任承諾書	１通
印鑑証明書	１通
本人確認証明書	通
設立時取締役及び設立時監査役の調査報告書及びその附属書類	通
払込みを証する書面	１通

上記のとおり，登記の申請をします。

令和　　年　　月　　日

申請人　　東京都○○区○○一丁目１番１号
マタタビ商事株式会社
東京都猫又市股旅町２番地８
代表取締役 又旅　多真美

連絡先の電話番号　０９０－××××－××××
東京法務局　　　　支　局　御中
出張所

図表5　登記すべき事項の例

「商号」マタタビ商事株式会社
「本店」東京都○○区○○一丁目１番１号
「公告をする方法」官報に掲載する方法により行う。
「目的」

１．漫画の製作・出版
２．デザイン・イラストレーションの制作
３．各種物品の製作・販売
４．前各号に附帯する一切の業務

「発行可能株式総数」１０００株
「発行済株式の総数」２８０株
「資本金の額」２８０万円
「株式の譲渡制限に関する規定」
当会社の株式を譲渡によって取得するには、株主総会の承認を受けなければならない。
「役員に関する事項」
「資格」取締役
「氏名」又旅多真美
「役員に関する事項」
「資格」代表取締役
「住所」東京都猫又市股旅町２番地８
「氏名」又旅多真美
「登記記録に関する事項」設立

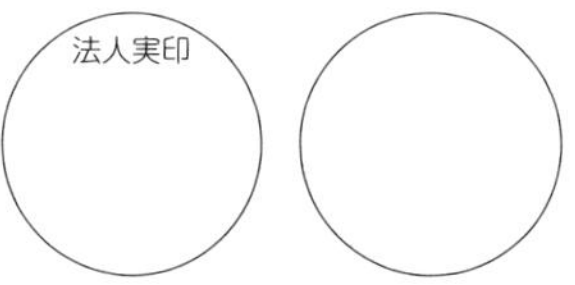

8 登記申請書を提出しよう！（合同会社）

「ステップ自体は株式会社と同じかしらね。」

「そのとおり。書類が違いますので説明しますね。」

定款を作成したら、合同会社の場合も株式会社とステップは同じです。合同会社用の登記書類を作成し、いざ法務局へ！

合同会社の会社設立に関して必要になる書類は**図表1**のとおりです。これらの書類を作成したら、今度は申請書を作成します。申請書には、**図表2**の内容を記載します。

別紙に記載する「登記すべき事項」については、**図表3**のとおり。これらの記載をした、登記申請書と登記書類を作成して、最後に登記に必要な収入印紙を貼る台紙を用意したら完成です！

図表１　合同会社の設立に必要書類

１．定款
　自身で作成したものを添付します。電子定款の場合には、CD-Rに保存して添付します。
２．社員の決定書
　会社の本店所在地の詳細な場所・資本金の額・代表社員を決定します。
３．代表社員の就任承諾書
　代表社員のみについて必要で、業務執行社員の就任承諾書は添付不要です。
４．払込みがあったことを証する書面
　資本金の払込みをした代表社員の個人の通帳の必要部分をコピーして併せて作成します。
５．印鑑届出書
　代表社員の印鑑証明書を一緒に添付します。

図表２　申請書の記載事項

（1）商号
（2）本店
（3）代表者の氏名及び住所及び連絡先
（4）登記の事由
　設立の手続終了
　※合同会社の場合は、登記期間の定めがないため、株式会社のように設立手続の終了日を明らかにする必要がありません。
（5）登記すべき事項
　図表３の内容を記載します。
（6）課税標準額及び登録免許税の額
　６万円（資本金額×1000分の７が６万円以上の時はその価額、ただし10円以下切り捨て）
（7）申請年月日
　登記所に申請した日が会社設立日になります。
（8）管轄登記所の表示
（9）添付書類の名称及び通数

図表３　登記すべき事項

商号/本店/公告をする方法/目的/資本金の額/社員に関する事項/「登記記録に関する事項」設立

9　いざ、法務局へ！

「法務局ってどこにあるの？　見たことないわ！」

「ありますよ。ＨＰなどで、会社の本店の所在地の管轄法務局を調べてみてください。」

会社設立の準備が整ったら、あとは法務局へ持ち込むだけ！　でも待って、どこの法務局へ持ち込めばいいの？　実は、会社の設立には持ち込むべき法務局が決まっています。本店の所在地によって、その所在地を管轄する法務局に持ち込まないと申請が却下されてしまうんです……！

なので、まずは法務局のＨＰなどで、自分の会社の管轄法務局がどこなのかを確認しましょう。なお、会社の設立は「商業登記」という種類になるので、商業登記の管轄を確認するようにしましょう。法務局の受付が開いている時間は午前8時30分から午後5時15分まで。この時間外は受け付けてもらえないので、時間にも注意しましょう。

準備はＯＫ？　登記申請しよう！

印紙も貼って、すべての準備はできました！　あとは法務局の商業登記受付窓口に申請書を出すだけです。ドキドキしながら受付の登記官に書類を渡すと……、

「はい、受付完了です。何かあったら連絡します。」

……。

はい、意外とあっさり終わります（笑）。

というのも、その場で書類を審査するわけではないんです。申請窓口の横に「登記補正日」という日が書いてあります。補正日とは、法務局が今日受け付けた登記を何もなければこの日までに完了させますという登記完了予定日のことを言います。それまでのあいだに内容を調査することになるので、その場では受付だけで特に何もしないんです。なので、書類に不備がなかった場合は、この補正日が到来すれば自動的に登記は完了していることになります。書類の内容に不備（補正）がある時には連絡が来ますが、法務局から登記が完了したという連絡が来ることはありませんので、この日付はしっかりと確認しておきましょう。

ちなみに、各法務局には登記の相談窓口がありますので、心配な人はここで書類を確認してもらうというのもひとつの手です。ただし、現在は電話での予

MEMO

収入印紙は株式会社で15万円〜、合同会社で６万円〜です。法務局の窓口でも購入可能ですので忘れずに添付しましょう。

約制をとっており、急に訪れても予約者優先で後回しにされてしまうので、相談する場合は予約を取ったほうがいいでしょう。

登記の申請が完了したら、あとは待つだけです！　なお、会社の設立日は登記が完了した日ではなく、「登記を申請した日」になります。そのため、登記を持ち込む日を大安の日や一粒万倍日(いちりゅうまんばいび)にしたりと、設立日にこだわった申請をする方も多いです。

申請後はもう、会社として活動をすること自体はＯＫです。ただし、会社は設立しているのですが、それを証明する「登記事項証明書」がまだできていないという状態になります。

以上が登記申請なのですが、窓口に持ち込む以外にも、実は郵送で申請することも可能です。郵送で申請する場合には、書類が届いた日が法務局での受付日になるので、申請日を確実にこの日にしたい、という場合には窓口に持ち込むほうが確実です。なお、郵送の場合には、「登記申請書在中」と、封筒に明記するようにしましょう。

登記が完了したら

無事に補正日を迎えたら、ついに登記完了です！

登記が完了したら、会社の証明書である「登記事項証明書」が取れるように

なります。これは、管轄法務局に限らず、どこの法務局でも誰でも取ることが可能です。インターネットでオンラインにより請求し、取得することも可能です。

登記事項証明書には、「履歴事項証明書」「代表者事項証明書」「現在事項証明書」「閉鎖事項証明書」といった種類がありますが、会社設立後はひとまずすべての内容が記載されている「履歴事項証明書」を取得しておきましょう。

また、登記が完了したら、法務局の窓口で「印鑑カード」を取得しましょう。「印鑑カード交付申請書」という書類を持っていけば、管轄法務局で印鑑カードを交付してもらえます。これを使用することで、会社の実印の証明である「印鑑証明書」が窓口で取れるようになります。印鑑カードがあれば、印鑑証明書は誰でもどこの法務局でも取ることができます。この時、代表者の生年月日を入力する項目がありますので、代理で取りに行く場合にはこれを忘れないように控えておきましょう。なお、印鑑証明書を取得するには必ず印鑑カードが必要になります。カードがないと、たとえ代表者の方が印鑑をもって訪れたとしても取得することができません。カードをなくしてしまった場合には、今あるカードの廃棄手続と、新規の発行手続きの両方をすることになりとても面倒な作業になるので、保管方法や保管場所はしっかり確認しましょう。

ついに、自分の会社の証明書を取得することができました！　あとは、事業を行うだけ……と、いうわけにはいきません！　まだまだ続くよ手続きは（笑）。今度はこの証明書を持って、会社の事業を行っていくためのさまざまな届出や手続きをしていくことになります。

ここからがスタートです！

START
おかげ様で法人としてのスタート地点につけました
設立おめでとうございます!!

って安心するのも束の間、この後の手続きを進めなきゃね！

まずは…個人事業時代の取引先に法人化の連絡しなくっちゃ～ウフフ、おどろくかしら…
法人化?
バーン
ハッ
ってことは今後会社に入金してもらうから、法人の口座も必要ね…
さっそく開設申込…近年はとても作りにくいって聞くから慎重にいくわ！
BANK

税務関係の手続き

税務署等には法人設立の届出と個人事業廃業の届出が必要ですね

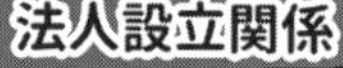

法人設立関係

① 税務署（国税の管轄）
- 法人設立届出書
- 法人税の青色申告の承認申請書
- 給与支払事務所等の開設届出書
- 源泉所得税の納期の特例の承認に関する申請書

など・・・

② 都道府県・市区町村（地方税の管轄）
- 法人設立届出書

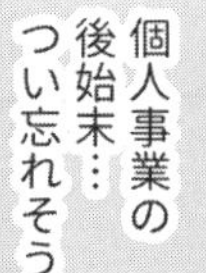

個人事業の後始末…つい忘れそうだわ

個人廃業関係
- 廃業届
- 青色申告の取りやめ届出書
- 事業廃止届出書（消費税の課税事業者だった場合）

国税と地方税でそれぞれ出すのね…メンドーだわ…

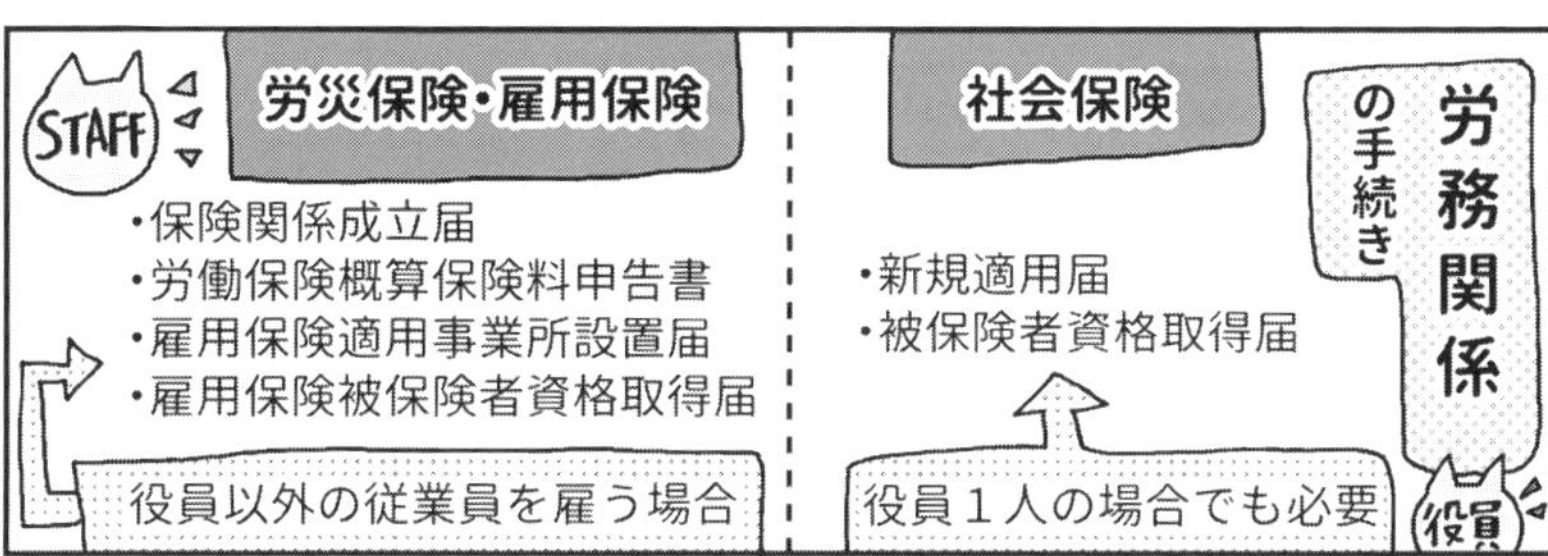
労務関係の手続き
社会保険
・新規適用届
・被保険者資格取得届
役員１人の場合でも必要
役員
労災保険・雇用保険
・保険関係成立届
・労働保険概算保険料申告書
・雇用保険適用事業所設置届
・雇用保険被保険者資格取得届
役員以外の従業員を雇う場合
STAFF

キャー
いやぁ…なんか大変そう…これ全部自分でやらなきゃなんないの？
大変ですよね…そんな時は色々な専門家にアクセスしてみて下さいね
税理士
司法書士
中小企業をサポートする専門家たち（の一部）
税理士・公認会計士
日々の経理や税務申告、融資等のお金まわりの業務
司法書士
登記変更や増資・減資の手続きなど
社会保険労務士
人を雇った時の人事・労務や社会保険関係
行政書士
営業許可等の役所関係の手続き

そっかぁ会社の経営者は孤独なものだと思ってたけど専門家の力を借りても良いのよね
はい！必要に応じてご活用ください。その分、社長は本業に集中できますしね！
社長…なのよね。
私、がんばるわ!!!
(株)
おわり。

おわりに

『個人事業を会社にしたい！と思ったらはじめに読む本〔第2版〕』、いかがでしたか？　法人化すべきか、そのままでもよいか、一つの判断の基準にはなりましたでしょうか？

皆さんが事業を拡大していく中で、いつかこういったタイミングに出会うときが必ずあると思います。本書の内容が、皆さんの悩みの解決の一助になれたなら幸いです。

もちろん大事なのは、法人化するにせよ、しないにせよ、ご自身の事業を社会のために大きく育てていくということだと思います。そのためには、法人化の判断含め、事業を拡大するにあたっては、各種専門家の先生方と協力し合える関係を持つことも大切です。テクノロジーの発達により、めまぐるしい勢いで時代が進化し、それに合わせて法律もどんどん変わってきています。我々専門家も日々勉強し、研鑽を積んでいきますので、一緒に成長していきましょう。

最後になりましたが、本書の編集にご協力いただきました中央経済社の髙橋真美子さん、共著の上村大輔先生に感謝を申し上げます。

司法書士　**土田　慧**

【著者紹介】

上村　大輔（かみむら　だいすけ）

税理士。かみむら会計事務所所長、一般社団法人タックス・コミュニケーション代表理事。1980年生まれ。慶應義塾大学経済学部卒業。2014年税理士事務所を開業し、趣味の漫画制作を活かして同人サークル「猫の手会計事務所」の「根古先生」としての活動も始める。同人作家さん向けの税金解説マンガ「確定申告！」シリーズでコミックマーケットに出展している他､確定申告系カードゲーム「領収書ゲーム！」や可愛い経理グッズ「出金伝票！」などを発売し、好評を博す。今後も、税金や会計を身近に楽しく感じてもらえるコンテンツを世に出していきたいと日々考えている。

土田　　慧（つちだ　さとし）

司法書士。1982年生まれ。東京都立大学法学部法律学科卒業。
2006年度司法書士試験に合格し、勤務司法書士として実務経験を積んだ後独立。親しみやすい人柄からか「士業っぽくない」とよく言われ、柔軟な発想で大手会計ソフト会社の会社設立サイトの立ち上げに関わったりと、新しいものには貪欲なタイプ。登記全般、会社設立から事業承継までさまざまな案件に関わりながら、日々何か新しい価値を提供できないか妄想している。

漫画・イラスト　**上村大輔**
イラスト制作補助　**namiki**

個人事業を会社にしたい！と思ったらはじめに読む本［第２版］

2020年７月15日　第１版第１刷発行
2022年６月20日　第１版第２刷発行
2023年11月１日　第２版第１刷発行

著　者　上　村　大　輔
　　　　土　田　　　慧
発行者　山　本　　　継
発行所　㈱　中　央　経　済　社
発売元　㈱中央経済グループパブリッシング

〒101-0051　東京都千代田区神田神保町1-35
電話　03（3293）3371（編集代表）
03（3293）3381（営業代表）
https://www.chuokeizai.co.jp
印刷／文唱堂印刷㈱
製本／㈲井上製本所

ISBN978-4-502-48121-5 C2034